研究生教育与培养研究
YANJIUSHENG JIAOYU YU PEIYANG YANJIU

朱晓闻◎著

西南交通大学出版社
·成 都·

图书在版编目（CIP）数据

研究生教育与培养研究/朱晓闻著. —成都：西南交通大学出版社，2018.8
ISBN 978-7-5643-6317-8

Ⅰ. ①研… Ⅱ. ①朱… Ⅲ. ①研究生教育–培养模式–研究–中国 Ⅳ. ①G643

中国版本图书馆 CIP 数据核字（2018）第 177261 号

研究生教育与培养研究

朱晓闻　著

责任编辑	武雅丽
封面设计	腾博传媒
出版发行	西南交通大学出版社 （四川省成都市二环路北一段 111 号 西南交通大学创新大厦 21 楼）
发行部电话	028-87600564　028-87600533
邮政编码	610031
网址	http://www.xnjdcbs.com
印刷	成都中永印务有限责任公司
成品尺寸	170 mm × 230 mm
印张	12
字数	187 千
版次	2018 年 8 月第 1 版
印次	2018 年 8 月第 1 次
书号	ISBN 978-7-5643-6317-8
定价	68.00 元

图书如有印装质量问题　本社负责退换
版权所有　盗版必究　举报电话：028-87600562

前 言

研究生教育肩负着为社会发展培养高素质、高层次创造性人才的重任，是增强综合国力和国际竞争力的重要支撑力量，其地位和作用不断提高和扩大。研究生教育作为教育与科技发展关注的重点领域，以其智力资源和科研优势而成为"知识经济"的基础，成为国家增加知识存量、扩大知识流量、加大知识投入和提高知识产出的优先领域。因此，很多国家都把研究生教育作为国家创新体系的重要组成部分，大力发展，这使得研究生教育的发展规模稳步上升，类型日益多样化。由于特殊的历史原因，我国研究生教育起步较晚，但发展十分迅速。特别是最近十多年来，随着大学本科扩招，研究生教育也增长迅速。在这种大规模、高速度发展的背景下，研究生教育质量的问题也凸现出来。同时，新的时代对培养创新人才的要求与当前研究生创新能力不足的现实矛盾，也使得人们对研究生质量问题格外关注。伴随研究生教育规模的逐年扩大，"如何保障研究生培养质量"已成为研究生教育工作者最为关注的话题。

本书共分为6章，约20万字，第一章梳理研究生教育的起源和发展；第二章总结我国研究生教育的基本特征；第三章分析我国现有的研究生培养模式；第四章梳理德育教育在研究生教育中的功能和作用；第五章针对创新型人才这一培养目标提出对创新型研究生教育的要求；第六章展望研究生教育的发展趋势以及研究生教育的创新型实践模式，以期能够引起更多的学者关注研究生教育，推动我国高层人才培养事业的更好发展。

由于时间紧迫、水平有限，书中难免有不妥之处，敬请学术同仁与社会各界学者不吝赐教。

朱晓闻
2018年3月

目 录

第一章 研究生教育的起源和发展 … 1
第一节 我国研究生教育的起源及现状 … 1
第二节 其他国家研究生教育的状况 … 7

第二章 研究生教育基本特征 … 27
第一节 研究生教育的本质特征 … 27
第二节 研究生培养的目标定位 … 41
第三节 研究生培养的主要原则 … 51

第三章 中国的研究生培养模式 … 63
第一节 中国的研究生招生制度 … 63
第二节 中国的研究生培养目标 … 64
第三节 中国的研究生培养过程 … 65
第四节 中国的研究生培养模式存在的问题 … 68

第四章 研究生教育德育功能 … 73
第一节 研究生德育及其特殊性 … 73
第二节 自媒体时代研究生德育理论 … 82
第三节 构建研究生德育绩效评价体系 … 119

第五章 创新型研究生教育与创新型人才培养 … 141
第一节 创新型高层次人才概述 … 141

第二节　创新型研究生教育的特征 ………………………………… 150
　　第三节　影响创新型研究生教育的因素分析 …………………………… 152

第六章　研究生教育发展趋势与创新型实践模式 ……………………… 159
　　第一节　研究生教育的发展趋势 ………………………………… 159
　　第二节　研究生教育的创新型实践模式 ……………………………… 162

参考文献 …………………………………………………………………… 185

第一章 研究生教育的起源和发展

本章从我国研究生教育的起源及现状、其他国家研究生教育的状况两个方面梳理研究生教育的起源和发展。

第一节 我国研究生教育的起源及现状

一、我国学位与研究生教育的历史

中国的研究生教育相对于其他发达国家来说，起步稍晚。关于中国研究生教育的起源问题，目前学术界的看法不一。有人认为：中国研究生教育及其模式形成于近代，是舶来品。有人反驳：中国古代高等教育中就有研究生教育，如中国古代官学中的国子学和古代书院教育。其实，这两种观点是从不同的角度阐述的：前一种认为中国研究生教育起源于近代，主要是从学制方面考虑；后一种看法则是从具体的教学过程出发，如认为古代书院集教学与科研于一身，蕴含着某种研究生教育的萌芽。本章从学制角度出发，探讨1949年前中国研究生教育的发展变化过程。这一过程大致可分为三个阶段：一是1912年前，研究生教育形式上的开端；二是1912—1929年，研究生教育的实际性开端；三是1929—1949年，中国研究生教育逐渐正规化阶段。

（一）1912年前的研究生教育

1902年由清政府颁布的《钦定学堂章程》，是中国第一个比较系统、比较完备的由政府公布的学制。其将全国教育分为三级：初等教育、中等教育、高等教育。在高等教育中，又细分为高等学堂、大学堂和大学院三个层次。大学院层次的教育，即相当于现在的研究生教育阶段。因此，《钦定学堂章程》的公布，标志着中国研究生教育在学制上的开端。但《钦定学堂章程》并没有实际实施过。次年，张百熙、张之洞、荣庆三人又另外拟定了一个学制——《奏定学堂章程》，其中对研究生教育有了一定的修改，将大学院改为通儒院，规定修业年限为五年等。

通过考察清政府先后公布的这两个学堂章程，我们可以看出，这个时期研究生教育具有以下3个特点。

1.研究性与功利性并举

研究生教育具有研究性的特点，这是不言而喻的。除此之外，由于鸦片战争后中国面临着帝国主义的各种压迫，救亡图存成为这个时期的社会主题，政府方面也兴起了洋务运动，学习西方实用的先进技术。实用性是政府进行教堂教育选择的首要因素，这一点同样也表现在研究生教育上。《奏定学堂章程》规定：通儒院以中国学术日有进步，能发明新理以著成书，能制造新器以利民用为成效。这充分体现了当时政府对研究生教育的态度，归纳起来也就一个词——"功利性"。

2.学徒式培养方式

清末的两个学制《钦定学堂章程》和《奏定学堂章程》，都是在借鉴和模仿日本教育的基础上制定的。其中研究生教育作为整个教育体系的一方面，也必然在价值目标及培养模式上与日本相类似。而日本又是模仿德国模式，这就决定了当时中国的研究生教育是一种学徒式的培养方式。清末确定的这种学徒式的培养方式，一直影响到"中华民国"成立以后的研究生教育。

3.毕业奖励出身

1906年，在中国实行了一千多年的科举制度被废除，但全国的各个学堂仍然奉行清政府规定的各种奖励出身制度，当然，研究生教育也不例外，而且这种制度一直实行至1912年才废除。

《钦定学堂章程》和《奏定学堂章程》的颁布，标志着中国研究生教育形式上的开端，但这种教育制度仅仅局限于学制上，在"中华民国"成立之前，通儒院还未曾开学，研究生教育也就自然未能付诸实践。

（二）1912—1929年的研究生教育

在1912年的《大学令》和1913年的《大学规程》中，新建立的民国政府对研究生教育做了有关规定和修改，包括改通儒院为大学院，不规定期限；着重强调研究生教育的研究性，而将功利性的教育宗旨去除；规定大学院毕业后授予学位，废除出身奖励等。1918年，北京大学9个研究所的设立标志着中国研究生教育的实际开端，据统计，这时北大共有研究生148名。这个时期的研究生教育与清末相比，有一定的前后继承性，但也存在着许多根本性的区别。

1.学生研究自主、独立

辛亥革命后，南京临时政府及北洋政府相继建立，教育方面的重大举措是废除了清末的学制系统，并于1912年颁布新学制——《壬子学制》。但这个学制同样是以日本学制为蓝本，充分反映了在民国建立初期，日本教育模式仍然深深地影响着中国教育。同样，这种影响也表现在研究生教育方面。1913年北洋政府教育部颁布《大学规程》，规定：大学院……由院长延其他教授或聘绩学之士为导师，不设讲座，由导师分任各类，于学期初提出条目，令学生分条研究，定期讲演讨论。因此，这个时期的研究生教育模式基本上是以学生独立、自由的研究为主，以讲演讨论为辅，它是清末学徒式培养方式的继续。这种研究生培养方式在当时北京大学研究生教育中有集中体现。这种重视以学生研究为主的导师制，也成为1949年前中国研究生教育的主要模式。

2.废除出身、引入学位

民国成立后，随着几千年封建统治的灭亡，研究生教育逐步走上了现代化道路。研究生教育现代化的一个最显著的特征就是废除出身奖励，同时相应地引入现代学位制度。1912年政府颁布的《大学令》规定：大学院研究生在院研究，有新发明或重要之著述，经大学评议会或教授会认为合格者，得遵照学位令授予学位。1913年的《大学规程》也对此做了更具体的规定：大学院学生自认研究毕，欲受学位者，得就其研究事项提出论文，请求院长及导师审定，由教授会议决，遵照学位令授以学位；如有新发明学量，或重要著述，得由大学评议会议决，遵照学位令授以学位。从这两个法令中我们可以看出，取消科举出身奖励，代之以学位授予制，使研究生教育与学位制度相衔接，对于中国的研究生教育现代化模式的建立，是一个决定性的转变。此后，中国的研究生教育彻底摆脱了封建色彩。

有一点需要说明的是，这个时期，虽然引入了研究生学位制度，但仅是引入，还很不规范，现代学位制度在法律上确定下来是在国民党政府时期。

如果我们把1912年前的中国研究生教育看作是一个准备阶段（因为研究生教育还没有在实践中实施），那么，1912—1929年这个时期就是中国的研究生教育逐渐起步的探索阶段，它为以后中国研究生教育进行有关的立法和规范做出了不可磨灭的贡献。

（三）1929—1949年的研究生教育

对于研究生教育，新成立的国民党政府在总结前一时期发展经验的基础上，不断修改完善，研究生教育制度逐渐走向正规化。

1.立法制度的建立

法制化是这个时期研究生教育的最显著特点。1929年7月和8月国民党政府相继公布《大学组织法》和《大学章程》，其中规定：大学研究院须有三个研究所以上，研究所下设若干学部，大学院的任务是招收大学毕业生研究高深学术，研究期限为2年，合格者授予硕士学位。《大学组织法》以法律的形式规定了研究院制度，是近代中国高等教育的第一次正式立法，标志着研究生教育法制化的实际开端。另一方面，关于学位的授予，从研究生教育在中国出现以来，共经历了三个发展阶段：第一阶段是清末授予出身奖励；第二阶段是"中华民国"初期废除出身，引入学位概念，但这时还没有将学位与法律相联系；第三阶段是学位授予的法制化。1931年，国民党政府公布了第一个学位制度的正式立法——《学位授予法》，其中规定：学位分学士、硕士和博士三级，特种学科仅设二级或一级。硕士生和博士生需在公立大学或立案私立大学或独立学院之研究院或研究所研究2年以上，经该院和教育部考核、复核通过者，方可获得硕士学位和博士学位。1935年，又颁布了《学位分级细则》《硕士学位考试细则》等一系列法令，其中对学位课程考试、学位论文审查、学位的授予等进行了详细的规定，系统的学位制度已经逐渐形成。

2.专业化模式的吸纳

研究生教育在1929—1949年这一时期，其培养方式有了重要转变：由单一制走向多元化。在这个时期，除了受日本、德国学徒式教育影响外，中国的研究生教育也逐渐吸纳了美国专业化的教育模式。1935年，国民党政府颁布了《学位分级细则》《硕士学位考试细则》等一系列法令。从这些法令中，我们不难看出，这时的研究生教育模式已表现出美国专业化模式的特点。相对于学徒式那种只注重学生研究，忽视课堂教学来说，这里的研究生教育体现了教学与科研的统一，课堂教学有了相关要求，并在培养活动中占有一定比例。

1929年，国民党政府公布的《大学组织法》及《大学章程》规定：大学得设研究院，大学研究院须有三个研究所以上。1929年秋，清华大学率先决定开办研究院，北大研究院也于1932年成立。但是，值得注意的是，在建立研究生院的基础上，大部分学校仍然保持着以研究为主的宗旨，德国式的研究性仍然没有改变。这些进一步说明了此时的中国研究生教育已经开始呈现多元化发展趋势，它是在融合多国模式的基础上创建的一种新的研究生教育模式。

中国的研究生教育从第一次在《钦定学堂章程》中出现，到民国后期以法律形式规范下来，经历了一个从无到有逐渐发展的过程。当然，由于清政府、北洋政府和国民党政府各自的腐朽落后性，我国1949年前研究生教育还存在许多缺陷。但这并不能否定它是一个不断探索、不断努力、不断完善的过程。正是这个阶段的发展，为中华人民共和国成立后的研究生教育奠定了一定的基础，也提供了许多值得借鉴的经验。

中法两国研究生教育在起源上存在以下差别：法国的研究生教育是应法国当时高等教育的发展状况自然而然产生的，而且学术性特别强；而我国的研究生教育是应当时我国特殊国情而产生的，尽管为后来研究生教育的发展做出了一定的贡献，但其产生主要是借鉴国外的办学模式，也主要是为应当时政府所需而设立，免不了带有很强的功利性和局限性，且学术性不强。

二、我国学位与研究生教育的现状

我国的学位与研究生教育现状，可以用这几句话进行概括：建立了自己的学位制度，建立了一批研究生培养基地，形成了一定的规模和初级的质量保障以及监督机制。

（一）建立了自己的学位制度

1980年2月，第五届全国人民代表大会常务委员会第13次会议通过了《中华人民共和国学位条例》，我国正式建立了自己的学位制度。我国的学位制度把学位分为三级，博士、硕士和学士。近四十年来，我国的学位与研究生教育得到高速的发展，也取得了突出的成就。我国的研究生教育与国外相比，有两点不同。其一，我国硕士研究生教育发展较快，在研究生教育中占很大比重；且质量和水平也不比发达国家低；一些发达国家的硕士仅是一种过渡性的学位。其二，国际上发达国家培养研究生都是在高等学校，科研单位不培养研究生，我国的高等学校和高水平的科研院所都培养研究生。

（二）建立了一批研究生培养基地

20多年来，通过重点学科建设，"211工程"建设，普通高等学校研究生院的建设，逐步形成了一批研究生培养基地。全国现有一批研究生培养基地不仅在规模上占有较大比重，而且在全国学位与研究生教育的改革和发展中起到了领头羊的作用。目前，一批学科门类比较齐全、指导力量比较雄厚、科研基础比较扎实的培养基地已经基本建立起来。

（三）形成了一定的规模

截至目前，全国有权授予学士学位的高等学校共2 415所；有权授予硕士学位的单位共885个（其中高等学校637所），硕士学位授权学科、专业点9 575个，有权授予博士学位的单位共523个（其中高等学校376所），博士学位授权学科和专业点2 827个，博士学位一级学科点583个。截至2014年8月底，全国共授予硕士学位53万多人，博士学位7万多人。

（四）形成了初级的质量保障和监督机制

经过20多年的发展，在国务院学位委员会的指导下，大部分省、直辖市、自治区成立了省级学位委员会，各研究生培养单位成立了学位评定委员会，基本形成了中央、地方和学位授予单位三级学位与研究生教育管理体制。同时，加强了法规建设和管理工作，强化了学位与研究生教育管理干部队伍建设，提高了管理工作水平。逐步建立了学位与研究生教育的检查评估制度。国务院学位委员会从 1985 年开始，进行学位与研究生教育检查和评估试点，30 多年来学位与研究生教育质量的检查和评估工作的方式不断丰富和完善，并在评估实践中建立了一套评估指标体系和评估方法，评估工作的法规、制度也正在逐步建立、改进和完善。

第二节　其他国家研究生教育的状况

一、美国研究生教育的产生和发展

（一）研究生教育的萌芽和早期探索

美国独立之初，基本上还是一个农业社会，城市很少，生产力水平也较低。以哈佛大学为代表的美国学院，是建立在基督教之上的，其基本原型是英国大学的学院。高等教育的主要目标是培养为教会和国家服务的基督教绅士，仅从事单一的本科生教学活动，既缺少学术研究的物质基础，也没有学术研究的传统与环境。进入 19 世纪以后，美国的经济有了较快的发展，对科学研究和发展高一级教育、培养高一级人才提出了新的要求。而此时，美国高等教育领域也发生了一些重要变化，其标志之一即是 19 世纪上半叶的州立大学运动。可以说，在这场运动中，法国的公立大学模式直接导致美国州政府资助与开办的州立大学的诞生，而德国的研究型大学模式则引起了美国大学对学术水平的关注，刺激了研究生教育的萌芽。

这一时期是美国研究生教育的早期探索，后来成为美国著名研究型大学的高等学校有：

（1）1825 年，弗吉尼亚大学作为美国第一所真正的州立大学正式开学。它率先接受了德国学术自由的新思想，开美国大学课程选修制的先河，并以提供较以前美国学院更高级教育的理想目标为指导。为完成规定数量选修课程的学士开设了一些更高级的课程，于 1831 年正式为完成这些课程的学生授予文科硕士学位。

（2）1825年，哈佛大学设立了部分课程选修制；次年为已经取得学士学位并愿意继续学习的毕业生开设了高级课程。虽然这种课程大多只是人文学科课程的某些延伸，与学院本科课程没有质的区别，也不可能为学生提供特殊的科学研究训练，但专门为已获得学士学位的人开设课程，可以说是美国研究生教育的重要发端。另外，哈佛大学建立了系一级的教学组织，作为同一学科或若干学科专业师生共同的教学、研究场所，也是美国专业式研究生教育模式的雏形和基础。

（3）密歇根大学是美国公认的最早开设学士后教育的大学。它于1853年制定了第一个正式攻读文科硕士学位的计划，对已拥有学士学位者的修习时间、课程门数、考试和论文等做了规定，明确了授予文科硕士学位的条件，成为美国正规研究生教育的肇始。

（4）耶鲁大学是最早开设博士学位课程的大学。该校于1847年新建了哲学与人文科学系，为已获得学士学位者提供高级人文科学和自然科学课程的学习。1860年，当时的耶鲁书院设立了哲学博士学位，制定出美国第一个博士学位计划，并于1861年开始颁授哲学博士学位。

（5）受耶鲁书院影响，康乃尔大学在1868年成立时就宣布培养研究生是该校的办学任务之一，并于1872年开始授予哲学博士学位。1872年，哈佛大学管理委员会通过决议，正式建立研究生部，并进而建立文理研究生院，全面开展研究生教育。翌年，即开始颁授哲学、理学博士学位。

由上可见，这个时期美国一些大学先后为自己的研究生教育做出了最初的但却是十分可贵的探索，在课程设置、教学科研、人才培养等方面显示出向高层次发展的趋势。但总的来说，这一时期的研究生教育还处于低级阶段，规模不大，科学研究和学术探讨很少，研究生教育在大学中还处于次要、陪衬的地位。

（二）约翰·霍普金斯大学的建立和研究生教育的发展，促进了研究型大学群体的形成

南北战争结束后，美国资本主义生产力得到空前的快速发展。时代、形势和整个社会的发展，要求美国高等教育更多更好地为资本主义工农业生产服务，同时也要求高等教育本身向更高层次发展，提高学术水平和在世界的学术地位，努力促进科学技术的进步。当时独树一帜的德国大学的模式和学术魅力，也随着国际高等学校的日益增多，更加具体、广泛地影响到美国。正是在这样的情势下，约翰·霍普金斯大学应运而生。

1876年，约翰·霍普金斯大学正式成立。这是美国历史上第一所以科研和培养研究生为重要任务的研究型大学，它一建立就表明要建成为一所学术性大学，宣布实施研究生教育和进行科学研究是其最重要的使命。著名教育家丹尼尔·科伊特·吉尔曼被任命为第一任校长，他主张研究生院应作为霍普金斯大学的主体部分，同时专业学院、专业研究生院应有良好的本科教育作基础。

由于霍普金斯大学十分注重科学研究，创新发展知识，大力聚集、培养科学研究人才，创建并实行研究生院教育制度，使其在短时期内即成为举世闻名的研究型大学。一些著名大学纷纷仿效霍普金斯大学的新举措：无论是较早开设研究生课程的哈佛、耶鲁、康奈尔，正在兴起的公立大学加利福尼亚、威斯康星，还是19世纪后期新建的克拉克、芝加哥、斯坦福等大学都先后建立了研究生院，重视并加强研究生教育，把科学研究放在极其重要的位置。艾略特曾经指出："哈佛大学研究生院在1870年到1871年间建立时是薄弱的。只有在以约翰·霍普金斯大学作为榜样，迫使我们努力发展研究生教育后，哈佛大学研究生院才得以繁荣。这种作用对哈佛如此，对于美国其他每一个要建立高级文理学院的大学也是如此。"在1896年时，美国60多所学院和大学均有3名以上的教师在霍普金斯大学获得学位，其中威斯康星有19人，哥伦比亚有13人，哈佛有10人。1926年霍普金斯大学建校50周年时，心理学家詹姆斯·卡特尔的一项研究显示，当时1 000名著名的美国科学家中，就有243人是霍普金斯大学的毕业生。

1900年，由哈佛、哥伦比亚、霍普金斯、芝加哥和加利福尼亚5所大学校长倡议，克拉克、康奈尔、密歇根、宾夕法尼亚、普林斯顿、斯坦福、威斯康星、耶鲁和天主教大学等，共14所大学参加成立了美国大学联合会（当时14所大学授予的博士学位占全美博士学位授予的90%），标志着美国研究型大学群体开始形成。该会的主要任务是努力提高研究生院的标准，保证研究生教育的质量。这表明研究生教育在美国著名大学里已确立了自己的地位，并逐步实现了正规化、制度化，揭开了美国高等教育的新篇章。从此以后，美国大学的研究生教育和科学研究进入了一个新的发展时期，并带动了整个高等教育水平的提高。

研究美国高等教育史的专家这样认为,美国高等教育规模快速扩张,质量不断提高的坚实基础是在南北战争之后约半个世纪里奠定的,而以研究生教育和科学研究为最重要使命的霍普金斯大学的建立,是一个极其重要的分界点和里程碑。美国大学特别是其中的研究型大学,正是从这以后逐步取代了德国大学的地位,逐渐成为世界高等教育的中心。

(三)第二次世界大战后研究生教育的发展机遇和实践,推动了研究型大学领先地位的确立

第二次世界大战后,美国研究生教育面临着前所未有的发展机遇。首先,在经历了以相对论和原子理论建立、原子能开发与应用为标志的科技革命后,在第三次产业革命的推动下,新的生产领域,特别是技术和智力密集型科技生产部门在美国迅速产生,日益复杂的现代生产部门、政府机构、中等教育机构对于本科学历的人才需求不断增加。其次,美国通过第二次世界大战增加了国力,战后各国恢复经济的需要,又给美国发展经济、积聚财富提供了良机,使其有条件实现研究生教育的大发展。再次,美国赢得了第二次世界大战的胜利,第二次世界大战前后也集聚了一批来自欧洲的科技精英,但却发现自身的科学人才队伍总体处于"赤字"状态。据美国人力学家预测:1955年,美国在化学、工程、地理、数学、物理、心理和生物学领域,将空缺约1.6万个科学博士职位(而战前的最后6年中,美国大学平均每年授予的科学博士为1650人)。面对如此巨大的人才"赤字",一方面要充分发挥已有人才的作用,另一方面急需大量培养、补充所需人才。

为了满足社会、经济发展对高层次人才的迫切需要,缓解人才"赤字"危机,联邦政府积极采取立法、增加拨款等措施,充分发挥高等学校,特别是研究型大学在研究生教育中的重要作用。据统计:1953—1963年,联邦政府对研究与发展的总预算以250%的速度增加,给大学的比例增长了455%。同期,美国大学的科研经费从2.55亿美元增加到11亿美元。政府的科研资助从1953年的54%增加到1963年的70%。这一时期,战前的5所公立研究型大学——西部的加利福尼亚大学、中西部的伊利诺依大学、密歇根大学、明尼苏达大学、威斯康星大学,为高层次人才培养做出了突出贡献,自身也得到了巨大收益,办学实力有了长足的提高。同时,华盛顿大学、得克萨斯大学

等公立大学也增强了办学实力，迅速成长为研究型大学。

促使战后美国研究生教育持续大发展的另一重要原因，是与苏联争夺在科技领域特别是空间科技领域领先地位的迫切需要。在这一激烈的国际竞争中，联邦政府把研究生教育和科学的发展置于国家安全的重要战略地位，给予持续的关注和强力投入，把研究生教育、特别是博士生教育作为人才培养的重点，在扩大研究生教育规模的同时，强调质量保证和提高。因此在新一轮研究生教育大发展的热潮中，美国研究型大学的研究生院特别加强了基础科学理论的教学和跨学科科研与教学，把研究生大量参加各种类型的科研工作放在突出地位，从而使美国研究生教育不仅在数量上居于世界首位，而且以著名研究型大学为代表的研究生教育质量也居于世界领先地位。

综上所述，可以得出这样的结论：研究生教育的产生和发展，大大提高了美国大学在国际上的地位；由于研究生教育和科学研究在美国大学中的地位得到了确立，美国高等学校开始出现分层，逐步形成了一个居于庞大的美国高等教育系统金字塔塔尖的特殊群体——研究型大学。研究型大学是伴随着研究生教育的产生、发展而形成的，是研究生教育孕育、催生、塑造了研究型大学，构成了研究型大学的主要内涵，研究生教育的创立和繁荣对研究型大学的形成和发展具有不可替代的作用；研究型大学对研究生教育和科学研究不畏困难艰辛的不懈探索和追求，使美国的研究生教育和科学研究在世界高等教育系统中独树一帜，并成为美国研究型大学的标志性特征。

（四）研究生培养的现状

当今世界，美国不仅是经济实力雄厚的国家，而且是高等教育高度发达的国家。美国现有各种类型高等院校5 000多所。其正式的学位包括副学士、学士、硕士和博士四级。硕士学位是第三级学位。因为美国大学本科阶段强调通才教育，硕士生阶段才是真正的专业化教育阶段，所以研究生教育阶段是指硕士生及其以上阶段。

2009年，卡内基高等教育基金会将美国具有博士学位授予权的大学划分为两种类型，即Ⅰ类（大型）博士/研究型大学（251所），Ⅱ类（小型）博士/研究型大学（210所）；将900多所大学定为具有硕士学位授予权的综合性大学；将706所大学定为学士学院；副学士学院共计1 869所；专业高等教育机构共计866所；部落学院和大学计48所。根据卡内基高等教育基金会规定，具有Ⅰ、Ⅱ类博士学位授予权大学需要有能力开设多门学科的学士、硕士和博士学位课程，授予从学士直到博士的学位，学校重点是提供研究生课程并发展科研项目，而且前者必须每年在15个以上学科中授予至少40个博士学位，后者必须每年在3个以上学科授予至少10个博士学位或1个以上学科授予至少20个博士学位。综合性大学可以授予硕士及其以下学位，而且高级研究也不是重点。学士学院一般只授予学士学位，学校工作重点是本科教学。

美国的研究生教育以高质量著称，其多元化的教学方式也为许多国家所仿效。通常，美国1/2的高中毕业生可入高校，1/5的本科生可读硕士，1/5的硕士有机会攻读博士，而攻读者中1/3将惨遭淘汰。不过，也有说法认为淘汰率并不高，淘汰只在预考中有可能。大致说，硕士100%、博士90%都能拿到学位。2000年的一种说法提供了博士学位完成率：理工科为60%~70%，社会科学为50%~60%，人文科学为40%~50%。尽管淘汰率的多少未能准确把握，但淘汰机制是客观存在的。目前，美国是接受外国学生最多的国家之一，我国出国留学的研究生有很大一部分都在美国学习。

二、英国研究生教育的产生和发展

（一）研究生教育的萌芽和早期探索

英国研究生教育有悠久的历史。13世纪，凡进入牛津大学或剑桥大学的学生，在取得学士学位后，再修学3年可获得硕士学位。现代意义上的研究生教育最早产生于德国。1809年，柏林大学创办实践了一种全新的大学观，它确立了"教学与科研相结合"和"学术自由"的办学原则，把培养科学研究者和发展人类科学文化作为主要任务；同时实行导师制和研讨制的研究生培养方式，新增设了哲学博士学位。柏林大学首次设立的哲学博士学位，是世界上第一个研究性学位，它吸引了英、美、加拿大等国的大批学生赴德国攻读哲学博士学位，接受最新式的科学训练。

但直到1919年，联合王国大学协议会才正式提出和确立研究生培养制度，其研究生教育的模式才基本形成。到20世纪60年代末，英国不仅新建了一批可招收和培养研究生的高等学校，而且适应大学系统以外的高等院校培养研究生的需要，建立了国家学位授予委员会（CNAA）。这样，英国的研究生教育大致可分为两个渠道：一是大学内部招收和培养一定数量的研究生；二是大学外教育机构也招收相应数量的研究生。

第一次世界大战爆发后，由于不能再到德国学习，各国学者纷纷把目光转向英国，从而促进了英国学位与研究生教育的完善和进一步发展。为了吸引外国留学生，1917年英国大学协会制定了正规的哲学博士学位条例。同时，加拿大大学协会和美国大学教师协会也向英国政府提出了放宽外国研究生入学限制的要求。1919年，联合王国大学协议会通过了现行的英国研究生院制度，规定大学成立研究生院，大学本科毕业后通过1年以上的学习和研究，取得硕士学位；通过2年以上的学习和研究，考试合格后获哲学博士学位。哲学博士学位的引进和研究生院的建立，推动了英国学位与研究生教育的快速发展。1939年时英国只有研究生3 021人，1951年增至11 327人，1968年上升到37 994人，1979年更猛增到72 489人，10年间约增长93%。

（二）研究生教育的进一步发展

第二次世界大战后英国研究生教育的发展呈现出以下特点：

首先，多科技术学院开始培养研究生，打破了大学对研究生教育的垄断。1966至1967年，多科技术学院共招收317名研究生，70年代后规模进一步扩大，1979至1980年在8.3万名研究生中，多科技术学院的研究生占11%。

其次，修课式研究生得到了迅速发展。20世纪60年代中后期，修课式研究生人数开始超越哲学博士生。从1966至1967年到1974至1975年，大学中的修课式研究生人数从1.3万名增加到2.4万名，约增长85%，而同期哲学博士生只增长了31%。

再次，兼读制研究生也获得了较快发展。20世纪70年代后，兼读制研究生比全日制研究生的发展速度更快。1977至1978年，英国共有全日制研究生61 878人，兼读制研究生24 510人。到了1987至1988年，全日制研究生人数上升到65 580人，而兼读制研究生则上升到51 170人。10年中全日制研究生约增加了6%，兼读制研究生则增长了约108%。

与此同时，由于政府认为如果许多研究生就业可能比继续受教育更有利,并担心许多学习科学与技术的学生可能从事纯理论而不是应用性的科研工作,因而对研究生的入学人数有所限制。1967年大学补助金委员会限制研究生学习的理由是"那些具有第一学位、修习研究生课业的学生,在数量上的比例实际上已经大大超过罗宾斯委员会的估计;有的担心那些留在大学从事研究生学习,而不愿意去搞教学工作或从事社会工作的大学毕业生的比例,增长得超过目前国家所能负担的程度……"1979年撒切尔夫人上台后大力削减教育经费,1981年英国大学经费平均减少了17%,从而严重制约了研究生教育的发展。人口出生率的下降也使研究生教育逐渐缩小规模。因此,20世纪80年代以后,英国研究生教育开始进入稳定发展时期。

研究生教育的快速发展与政府的经费支持密切相关。第二次世界大战后英国大学教育的公共经费增长迅速。从科研经费来看,1939年英国的科研经费不足1 000万英镑,1950年上升到3 000万,1963年上升到1.15亿英镑。1990—1991年度政府用于科研开发的经费达49.6亿镑,占政府支出的3.5%,占国民生产总值的0.91%。1991年英国高等教育白皮书规定,政府对大学的拨款按教学和科研两个系列进行。这种分别拨款方式意味着研究生教育经费与本科教育经费的分离,有利于政府加强对研究生教育的控制。

随着研究生教育规模的扩大,英国学位与研究生教育的管理体制也逐步健全。1915年英国科学工业研究部的创建标志着政府开始介入研究生教育。1919年大学拨款委员会的建立对研究生教育影响重大,其职责是调查英国大学教育的经费需求,收集、检查并提供与整个英国大学教育有关的资料等。第一次世界大战后英国开始建立各种专业研究委员会,如医学研究委员会(1920)、农业研究委员会(1931)、自然研究委员会(1949)、科学研究委员会(1964)等。这些研究委员会不仅组织科学研究,同时也负责研究生教育,是研究生教育的重要管理机构。1964年根据罗宾斯委员会的建议成立了全国学位授予委员会,扩大了在大学以外攻读学位的机会,也是英国高等教育史上首次把授予学位的权力委托给一个非大学机构。同年成立的教育与科学部是英国现代研究生教育的最高管理机构。

随着美国研究型大学在世界领先地位的确立,其他许多国家自20世纪80年代后期也相继提出了研究型大学的办学模式,英国在这时候提出了"研究主导型"和"教学主导型"大学。英国高等教育一直沿袭牛津大学、剑桥大学的学院制精英培养模式,但19世纪中叶以后,英国的一些大学也效仿柏林大学模式，在文科和理科实行教学和科研结合。直到20世纪90年代，一些英国大学成立了研究生院，并将国内的大学按照教学拨款和研究拨款的相对数量划分为"研究主导型"和"教学主导型"大学，其中，牛津大学、剑桥大学和伦敦大学是英国研究主导型大学的典型代表。

牛津大学产生于中世纪，是历史悠久、影响最大的研究型大学之一，并提出了坚持求是崇真的办学宗旨。牛津大学科林·卢卡斯教授认为，大学存在的更高价值是探究真理，发现和认识真理。他说："大学之存在，是为了探究事务的本质；大学之存在，是为了发现如何区分真实与表象。"英国剑桥大学建立的剑桥科技园，具有研究型大学的现代学术职能。英国政府高度重视，拨专款支持剑桥大学和美国麻省理工学院（MIT）建立全面的合作与交流关系。剑桥-麻省理工学院（CMI）自2000年7月起，在5年内从贸易与工业部获得6 510万英镑资助，另外还可从私营部门募集1 600万英镑。CMI是由英国政府和企业共同出资赞助的新型学术组织，为增进英国的国家竞争力、生产率和企业家精神而精心设计的。英国政府对研究型大学的支持，进一步奠定了其研究型大学在世界的地位。

（三）研究生培养的现状

英国教育历史悠久，素以标准严、质量高著称，研究生教育尤其如此。英国名校林立、专业类别多、学制短（尤其是授课式硕士），因此，每年都有众多世界各地的学子到英国求学。

英国的研究生教育也包括硕士和博士两个阶段。在英国，硕士学位也常被称为"高级学位"。英国大致有两种类型的硕士学位：授课式和研究式。授课式硕士学位学制一般为1年，即我们通常说的出国留学攻读一年制硕士。研究式硕士学位学制一般为2年以上，常与博士学位连续攻读。英国目前有三种类型的大学开展博士生教育：古典大学、城市大学和新大学、技术大学和多科技术大学。由于不同类型的大学设立的时间和宗旨不同，发展的道路各异，学科专业的设置有别，因而有不同的博士生培养模式。就不同类型的学校而言，古典大学主要以研究型培养模式为主，城市大学和新大学主要以复合型培养模式为主，而技术大学和多科技术大学则主要以应用型培养模式为主。

英国的研究生教育比较发达，2015年的统计数据显示，研究生与本科生在学人数的比例达到 1∶2.3。但不通过率也比较高，约有 1/3 不能按时获得学位。

英国研究生教育始终得到国家的重视；其教育制度也素有严谨之誉。英国教育与科学部及其所属委员会直接干预整个研究生教育和发展的工作，所采取的主要手段是核拨研究生培养经费，审定并实施研究生教育的方针、政策等。但同时，英国大学在研究生教育过程的方式和方法上，又有相当大的自主性。其在人才培养方面的特点是：比较注意研究生自学能力方面的培养；在培养全过程中，侧重于科学研究和论文写作阶段的培养。英国的研究生培养的类型和层次比较复杂，一般为有文凭研究生、硕士学位研究生、哲学硕士学位研究生、哲学博士学位研究生。在这些类别中，还可分为一些专门性研究生，如医学研究生和工程研究生等。英国研究生教育的学制分别为：硕士研究生 1～2 年，博士研究生 2～5 年不等。英国研究生的培养工作实行"大、小导师负责制（或称双导师制）"。即研究生培养过程由一位副教授以上的教师和一位具有哲学博士学位的中年讲师共同负责。除了一些课程教学环节外，英国研究生完成学业的全部过程，基本上都是在导师指导下。英国高等学校研究生教育经费的来源，主要是国家拨款、社会资助和学费等。英国高等学校的研究生教育工作具有比较完整的管理体系，为研究生培养工作创造了良好的质量保证环境，从而使得人才培养质量在世界上具有良好的声誉。

（四）研究生培养的特征分析

英国研究生培养在长期发展过程中形成了自己的特点，归纳起来有以下几个方面：

1.建立严格的研究生导师制度

在英国，导师在研究生培养过程中发挥着重要作用。研究生从选定论文题目，到制定科研计划、阅读书刊等，都是在导师的指导下进行的。要使研究生能创造性地开展研究工作，必须由富有创造精神的导师来指导。因此，英国在选择导师时特别注重导师的科研创造能力，以能否培养出具有高科技能力的研究生作为评判导师教育工作的重要指标。导师的指导方式和时间是各不相同的。如牛津大学实行导师个别指导，每周进行一次，每个导师指导1~2名学生,学生要把导师指定的阅读材料综合写成笔记交给导师,通过导师的指导培养研究生独立思考、解决问题和开展科学研究的能力。加拿大散文家斯蒂芬·利考克教授指出,牛津大学之所以成功,"这个秘诀的关键就在于导师的作用。学生所知道的一切都是从导师那里——或者不如说同导师一起学到的,对这一点大家都没有异议"。

2.重视高校与工商企业联合培养研究生

为了培养研究生的实际工作能力,英国大学重视与工业部门、企业和政府研究机构联合培养研究生。这主要体现在工程研究生的教育中。如曼彻斯特大学在培养工程研究生过程中,与现场的专业技术人员和管理者进行合作,开展科研工作;同时学习管理课程,参加技术讲座。每个研究生各有一位学术方面的导师和一个企业中的合作者。英国工业界对研究生教育的资助,主要是通过科学和工程研究委员会与工业部门联合设置多种研究生奖学金项目进行的。目前除了教育和科学部的理工研究委员会为工程研究生提供奖学金外,政府还专门设立理工科合作奖学金,为从事工程技术科学研究的研究生提供资助,但研究课题必须以实际工程为背景。此外,理工研究委员会和贸工部还联合发起了向工业研究课题提供资助的教学公司计划,由工业公司、学校教师和研究生共同组成。大学与工商企业联合培养研究生计划的实施,不仅可以为大学提供更多的科研经费,改善大学的科研条件,而且也有助于解决企业的实际问题,为企业培养高级专门人才,同时还有助于锻炼研究生把理论应用于生产实践的能力,促进研究生加强与企业界的联系,为毕业后的就业打下基础。

3.高水平的研究生培养质量

英国的研究生教育历史悠久,体制完善,在全球高等教育中享有很高的声誉。在过去的50年里,英国产生了44位诺贝尔奖得主,其高质量的研究生教育功不可没。

(1)管理规范,治学严谨。英国研究生教育的高质量离不开其规范的管理和严谨的治学方式。英国对全日制和兼读制研究生实行统一的要求标准,并不因为学习形式的不同而区别对待。每所高校都有不同的淘汰率,毕业时能拿到毕业证的学生人数大大少于入学时的人数。

(2)注重学生创新能力培养。英国的研究生教育很注重学生创新能力的培养。英国的研究生教育尤其重视研究方法论的学习，以指导学生如何用正确的方法做研究，博士生要用一年的时间学习"研究方法论"。掌握正确的研究方法，对于学生的科研能力和创新水平的提高，至关重要。在英国，导师的影响反倒不是直接的，学生只有在完成课程学习后，才能进入学位论文阶段。导师也不会对学生的研究方向和研究内容妄下评断，而仅仅就有关内容提出一些专业性建议或疑问。同时研究生教育的教材也不是固定的，无论硕士生还是博士生，一般都不指定教材，但是教师会提供给学生一个相关的索引和框架。这样学生在研究和学习中就必须充分发挥自身的主动性和创造性。

4.多样化的研究生培养类型

（1）各有侧重的选课式和研究式两种研究生类型。选课式的研究生主要以课堂授课为主要方式，硕士研究生多属于这一类；研究式的研究生以科学研究为主要方式，博士研究生多属于这一类。英国研究生教育的传统是培养以研究为主的研究式研究生，课程学习相对不那么重要。选课式研究生则相反，它更为重视课程学习，注重知识的获得与运用，研究相对处于次要地位。作为一种新型的研究生教育模式，它很好地顺应了研究生规模发展的要求。

（2）迅速发展的兼读制研究生。兼读制研究生是指边工作边攻读学位的研究生，相当于我国的在职（非脱产）研究生。这种形式的研究生在英国产生于20世纪60年代，随着社会经济的发展，越来越多的人渴望在不辞掉工作的情况下，能够获得更高层次的进修机会，兼读制研究生也因此迅速地发展。到1990年，英国兼读制研究生已经占了研究生总数的大约18%。

5.注重研究生科研能力的培养

英国大学十分重视培养研究生的科研能力。虽然硕士研究生的学习年限只有一两年，但仍要求他们参加实际研究工作。特别是攻读哲学硕士和哲学博士学位的研究生，一般都被当作科研工作的主力来使用。例如，斯脱拉斯库莱大学的船舶和航海技术系开设的一年制硕士学位课程计划分成两个阶段：第一阶段除了修读课程外，还穿插进行专题案例研究；第二阶段主要进行课题研究，写出论文。计划中的"专题案例研究"是一种理论联系实际的专题讨论，其目的是使研究生综合应用课程学习中获得的知识，结合阅读文献资料，培养分析问题和解决问题的能力。

6.重视跨学科的综合研究

现代科技和现代生产的发展，要求研究生教育的课程必须加强学科间的交叉和横向联系。在英国，许多大学的研究生选题来自生产实际，涉及多种学科领域，需要有关学科的专家和研究生协同工作。因此，一些交叉学科、新兴学科的研究生往往由几位导师共同指导。如斯特林大学的环境科学硕士课程计划是高度综合性的，计划所列出的 5 门必修课是：环境系统、应用生态学、环境经济学、环境管理以及环境管理的信息技术。另外还必须选修 4 门课程，其内容包括水资源、土壤和能源的保护与管理、海湾与河口污染和城市管理等。这样的课程计划涉及生物科学、环境科学、管理科学以及经济学等。由于研究课题的综合性，学校必须组织跨系的教师和专家共同指导研究生。这样，同一课题可由多种学科的专家和教授集体指导，有利于发挥各人的长处，从不同的角度开展研究工作。从研究生的培养来看，综合性课题可使研究生扩大视野，得到实际工作的锻炼，并能培养在集体中与别人合作共事的能力。

7.开设多种规格和不同要求的学位课程

在英国，学位课程形式灵活多样，除了全日制研究生课程外，还有大量的为在职人员开设的部分时间制课程和工读交替计划等。如沃里克大学根据市场和社会对高级专门人才的需求，开辟了 90 多个硕士培养计划，包括一年制硕士学位计划、跨学科学位计划、访问研究生计划以及不同学习形式的 MBA 计划等。第二次世界大战后，部分时间制研究生占研究生总数的比例一直保持相当大的增长速度，如 50 年代初为 31%，80 年代初为 36%，90 年代初达到 41.3%。英国高教界人士认为，与全日制研究生相比，部分时间制研究生课程有更多的优越性。因为在部分时间制研究生课程中，学生可以根据实际工作需要选学课程，把理论学习和实际工作紧密结合起来。1994 年英国首次开设了非全日制博士学位课程，由英国经济和社会研究委员会为攻读该学位的博士生提供资助。该委员会主席霍华德·纽比说："我们一直渴望提供一种渠道，能使更多的人攻读博士学位课程。如果我们把这些名额都规定为全日制学习，我们拥有的财力将无法满足应发放的奖学金。"

8.有效的研究生教育资金配置

英国政府每隔 4~5 年要对高校进行一次教育和科研质量的评估。这种评估称作学术研究评估，简称为 RAE（Research Assessment Exercise），用以评估英国大学的研究水准及经费运用是否合宜。评估的结果分为 7 个等级，即 5'、5、4、3a、3b、2、1，5' 是最高一档，1 是最低的一档。审查结果都以报告形式公之于世，并以此作为分配经费的根据。只有得分为 3 以上的机构才能得到基金经费资助。英国每年约有 50 亿英镑的高教基金是根据这个评审结果来分配的。这样的资金配置方式迫使各大学必须不断提高教育和科研水平，合理高效地利用经费。

同时，为了通过为商业机构提供相关的研究成果和咨询来获得经费，英国大学必须不断提高自身的科研创新水平，这也体现了资金配置的竞争性。

三、韩国研究生教育的产生和发展

（一）韩国研究生教育发展历史

韩国历届政府和民众都很重视教育，作为亚洲经济发展最快的国家之一，他们把国家近年来取得的惊人发展和瞩目成就归因于完善的教育制度和灵活的教育体制所造就的高素质人力资源。正是由于重视教育，第二次世界大战后随着经济的腾飞，韩国的教育取得了很大的发展。韩国目前人均受教育年限超过 12 年，所以韩国自豪地宣称自己为全世界识字人口比率最高的国家之一。韩国政府曾根据国内的实际情况相应地多次调整、改革教育政策，成功地摆脱不利因素，迅速地再崛起。

韩国的研究生教育开始于 1949 年，但以教育部 1953 年颁布的《研究生院规定》为标志，开始走上正轨。在半个多世纪的发展历程中，韩国研究生教育的发展状况与经济有密切的关系，按其规模结构和发展状况的不同，大致分为三个阶段：

（1）韩国研究生教育的起步阶段（20 世纪 50—60 年代），规模小、结构单一，受到重视却发展缓慢。

20 世纪 50 年代初，韩国经济不景气，国内出现严重的通货膨胀，1957 年开始实施稳定物价的优先政策，60 年代开始推行外向型经济发展战略。50 年代初期的经济萎缩在某种意义上限制了研究生教育的发展，而 60 年代，随着经济的复苏，研究生教育根本满足不了社会对高级人才越来越大的需求。

这个时期韩国研究生教育的特点之一是人数极少。尽管多个大学设立了研究生院，但是直到1970年韩国在校研究生人数只有6 640人，占整个高等教育在学人数的4%，其中博士研究生所占比例更小，只有518人，而且大多是在国外学习获得学位的。韩国政府有关部门在报告书中形容这一时期的研究生教育是"四无"，即"无目标、无研究、无教育和无学生"。

这个时期的研究生教育的特点之二是教育层次和学科结构单一，基本上都是普通研究生院，以培养硕士为主，层次结构严重失衡。学科结构主要集中在医学、保健等传统专业，其他学科或专业领域主要依赖于西方发达国家；地域上，研究生培养机构完全集中在首尔；留学是研究生培养的主要途径。20世纪50年代初到70年代初，韩国出国留学生的数量增加近一倍。除了政府有计划地派遣大量公费研究生赴美国、德国、法国等国学习之外，自费留学的也为数不少。其中，前往美国和德国的留学生所占比例最高，60年代以后，到日本、加拿大留学的学生开始增多，属于研究生层次的自费留学生也为数不少。

（2）韩国研究生教育的发展阶段（20世纪70—80年代），调整专业方向、扩大招生规模，适应国家工业化进程的推进。

20世纪60年代韩国推行了"经济第一主义"政策，实行"出口立国"的经济发展战略，开始了工业化进程，取得了举世瞩目的成就，被人称为"韩国的奇迹"。据资料表明，到1973年，韩国留学海外的研究生当中，理工科各专业的学生占所有学生数的42.9%。反映了当时韩国政府为了实现第一、第二次经济开发5年计划，竭力将研究生教育纳入国家经济发展轨道，海外留学教育能够较密切地结合本国经济发展的实际，逐步重视科技和实用人才培养的特点。

70年代中期以来，韩国研究生教育不仅在规模和数量上不断扩大，而且通过一系列的改革措施，初步形成了具有本国特色的研究生教育体制。1975年韩国政府实行学位制度改革。在此之前，韩国一直实行"论文博士制度"，即修完博士学位课程或具有同等学力的博士候选者，必须通过由国立大学研究生委员会主持的博士论文审查和论文答辩。除此之外，还必须通过2门外语考试，方可取得博士学位。一般来说，对博士论文的审查不仅时间长，而且异常严格，因此能够获得博士学位的人非常少。鉴于这种情况，韩国政府在 1975 年将这一烦琐严格的审查制度改为"课程博士制度"，即凡在研究生院学习 3 年以上，修完 60 个学分，通过 2 门外语考试和博士学位综合考试的申请者，均可获得博士学位。改革的目的在于将课程学习、综合考试和学位论文的撰写等有机地结合起来，进行综合考查和评估。只要达到博士学位颁发条例的基本要求，即可获得相应学位。

80 年代韩国提出了"尖端科技立国"的经济社会发展战略方针。在经济产业结构的调整下，劳动分工的进一步专门化需要大量的高级专门人才和高级管理人才；高等教育的复苏急需研究生教育为高校培养各科老师。于是政府将首尔大学、高丽大学等 5 所大学改造成以大学院（也就是我们通常的研究生院）为主体的高层次大学，在这些大学里，研究生占在校学生数的 70%以上。1984 年公布的《韩国教员大学设置令》使首尔国立大学研究生院在担当在职教育者的继续教育方面颇具特色；1989 年拟定的《教育长短期发展计划》提倡推进高等教育（包括研究生教育）的多样化和特色化。

（3）韩国研究生教育逐步成熟（20 世纪 90 年代后），形成特色"三院制"结构（即培养学术人才的普通研究生院、培养应用人才的专门研究生院、在职人员继续教育的成人研究生院），呈现多样化、私有化、国际化

20 世纪 90 年代韩国由工业社会转向信息社会，这对研究生教育提出了新的挑战，不光要培养高层次、研究型科技人才，还要培养高级管理人才和其他行业的高级专门人才。此外，还要满足在职人员继续学习的需要。根据韩国的相关法规规定，目前每所综合性大学（包括教育大学、产业大学以及大学附属研究所等）只能设立一所普通研究生院以开展硕士、博士学位课程教育，培养学者和研究人员；但可以设立多所专门研究生院，主要开展硕士学位，兼顾博士学位课程教育以培养高级应用型人才；也可以设立多所成人研究生院只对在职人员开展硕士学位课程教育。

1995 年制定的《大学教育自主化方案》规定，凡在经费、师资等方面达到最低基准便可以自由设置大学（含研究生院）；1999 年发布的"教育发展五年计划"鼓励研究生院的研究与开发；2000 年出台的《国立大学发展计划案》则主张把国立大学调整为研究型大学（缩小本科生教育，扩大研究生院，形成以硕士、博士课程为主的组织运营机制）、教育型大学、专业型大学和实用型大学。金大中政府 1998 年初执政伊始不仅提出了"通

过教育改革实现第二次建国目标"的方针（即"第二次教育立国"），并于1999年制定了"面向21世纪的智力韩国"计划（"Brain Korea21"简称BK21），即建设世界一流水平的公、私立研究生院和全国地方优秀公、私立大学，为适应国家2001年制定的六大发展战略领域需要，政府还决定在2002—2005年间投资224兆亿韩元，使六大领域的高级人才达到40万人（其中新培养18万人），以具体落实韩国2001年11月制定的"国家战略领域人才培养综合计划"。正因为如此，韩国不仅于20世纪90年代中期就跻身于世界高等教育大国行列（1995年的高等教育毛入学率达52%，居世界第八位，每10万居民中的在校大学生人数为4 974人，居世界第四位），而且能在此基础上继续稳步发展。

（二）韩国研究生教育的现状

1.亟待解决的问题

韩国的研究生教育虽然在近年来取得令人瞩目的成就，但是仍然存在不少亟待解决的问题，具体表现为以下三方面。

第一，高校学术研究水平低下。根据有关统计，1997年度韩国大学学术研究国际水平（SCI）在世界仅排行第17位；按百分比计算，韩国大学的科研总量占美国的3.9%、英国的13.8%、日本的15.2%、德国的15.5%。IMD（瑞士洛桑管理学院）公布的2001年49个世界主要国家和地区国家竞争力排行榜显示，2001年韩国国家竞争力排在第28位，其中大学教育符合国家经济需求程度方面，韩国处在倒数第三。上述现象表明，韩国研究生教育与其他发达国家之间存在悬殊差异。由于强调面向社会，特别是着眼于为产业、商业和行政管理部门服务，在结构上，专门研究生院所占比例过高，进行基础理论研究，培养研究型人才的普通研究生院数量过少。这种重"术"轻"学"、急功近利的研究生教育发展模式，虽然在特定历史时期能够为经济建设输送大批实用人才，满足社会各方面的需求，但是如果片面强调发展功利或实用色彩浓厚的专门研究生院，既不利于培养全面发展高素质的人才，又会影响基础学科的研究和发展，从而最终难于对提高国家的科学技术整体水平做出应有的贡献。

第二，短时期内研究生教育规模飞速扩大，绝大多数研究生院是私立，主要靠收取学费维持，而为了体现教育民主与平等，政府又常常干预限制学费的上涨。因此，韩国很多研究生院，特别是私立研究生院经常处于经营极度困难的境地。韩国的研究生教育在师生、教学和研究设施，如人均拥有科研经费、图书、教室、图书馆面积和电脑等方面都落后于西方发达国家。

第三，韩国的研究生教育过分依赖私立院校，不利于基础性学科的发展。私立研究生院虽然办学体制比较灵活，能够比较迅速地根据市场或社会发展需要，做出相应调整和改革。但是由于来自政府的资助太少，为了生存和发展，私立研究生院自然特别注重办学的经济效益。对于投资多、周期长、风险大、回收率低，但对国民经济发展和科学技术进步有着重大意义的基础学科或学术性课程往往不予理会，更不用说能够担负起发展科学、提高全民族整体科技水平的重任。

2.改革措施

针对以上存在的突出问题，韩国政府近年来采取了一系列改革措施，主要包括：

第一，增加对研究生教育的资金投入，在整个国家财政预算和公共支出分配时，有计划、有重点地资助一批研究生院的发展，例如，教育部增加高等教育研究项目的资助额、设立多种奖学金、制订合理的研究经费分配和使用标准，完善评估和反馈机制，尤其是1999年开始推行"BK21工程"。除此之外，通过政府各部门、高校与地方的多种合作，鼓励私人捐资，多方面共同努力，解决研究生教育经费短缺的问题。

第二，对某些设置研究生院的大学，尤其是部分历史悠久、在学术上享有盛誉的名牌大学，如首尔大学、高丽大学等，减少本科生在校人数，相应增加研究生数量，强调发挥这些院校的研究职能。通过行政和拨款相结合的手段，根据国家长远发展规划和世界科技进步的一般趋势，逐步建设一批重点研究生院，使之成为韩国培养高层次人才和基础科学研究的基地。

第三，在继续保留"三元制"研究生教育体制的前提下，打破"学"与"术"的界限，纠正过去重"术"轻"学"的培养模式，建立普通研究生院与专门研究生院之间，以及各自内部之间的协作关系，做到资源共享、优势互补，达到共同发展的目的。例如，进行跨院和跨系科的合作研究，开设共同的基础课或必修课，各院校间学分可以互换，图书馆、试验室等相互开放。

第四,针对研究生培养量与质的矛盾,韩国教育部与 2002 年 7 月制定了《2003 年度研究生院学生定员调整基本计划》主要针对私立大学的一般研究生院和专门研究生院。私立研究生院的学生定员,原则上由校长决定,但为了确保质量,教育部公布了基本的定员自主决定标准:一般研究生院新增设学科时,硕士教育至少要有 5 名专任教师,博士教育至少要有 7 名以上相关领域的专任教师。新设博士学位点,要求 7 名专任教师中有 4 名以上教师在国际水准的学术刊物或最近 5 年里在全国核心学术刊物上发表两篇以上论文。专门研究生院新设博士学位时,要求研究生院专任教师中有 1/2 以上的教师在国际水准的学术刊物或最近 5 年里在全国核心学术刊物上发表两篇以上论文。

(三)"BK21 工程"(面向 21 世纪的智力韩国工程)

1999 年上半年,韩国启动了一项新的高等教育改革计划——智力韩国 21 工程。即"BK21 工程"。该工程旨在进一步改革和完善高等教育体制,充分发挥高等教育的优势,通过政府与社会在人力、财力和物力等方面的投入,有重点地把一部分高校建设成为世界一流水平的研究生院和地方优秀大学,培养 21 世纪知识经济与信息化时代所需的新型高级人才和国家的栋梁。该项目的主要特点是集中培育直接关系到科技领域和高附加值的特殊领域具有竞争力的研究生院,并且对硕士生、博士生、博士后以及新一代科研人员提供研究费,培养学术后续人才。

这一工程有三个主要目标:①作为一项基础结构建设,有重点地培养一批具有世界水平的大学院即研究生院,为社会发展提供优良的技术和创意;②有重点地建设一批地方优秀大学,加强地方高校的竞争力;③提倡和鼓励大学教育机构广泛培养社会所需要的专门人才,创立一个公平的竞争机制,即在高校之间的竞争中,评价某所大学不能以"是不是名牌学校"为标准,而要看学校科研成果的数量和质量以及学生的实际能力。以此为中心,韩国还提出了加强国际教育交流和合作,建立严格的高校管理制度和大学教授业绩评价制度,以及在 21 世纪初建立一套比较完善的大学入学制度等任务。

"BK21 工程"涵盖 4 个学术领域:应用科学(信息技术、生命工程、机械与材料)、艺术与社会科学(包括韩国学研究与文化)、特色(传统)

科学（韩医药学即源于中医学、中药学、发酵食品）、新兴产业科学（设计、影像动画等）。

按照"BK21工程"计划，韩国政府将从1999年起，在之后的7年内投资12亿美元，这些资金的用途大致可分3部分：①培养和建设具有世界一流水平的研究生院和地方优秀大学，主要支持科学技术、人类学及社会学等方面的研究和地方大学建设。为此，政府计划在7年内每年投资1.7亿美元；②开发高校研究生院的科研潜力，预计投入4 200万美元；③加强学术研究的基础设施建设，为各项学术研究领域，特别是基础学科的研究工作提供财政支持，预计投资4 200万美元。

在"BK21工程"的实施过程中，韩国政府采取了一些有力措施。

（1）给高校研究生创造一个优良的教育与科学研究氛围，最大限度地减少额外负担，保证研究生能够全身心地投入学习和科研活动中，其中还包括提供研究生专用宿舍，提供研究经费及海外留学进修的经费等支援。

（2）改善大学教授的研究环境，实行研究生院专任教授制，减轻大学教授的教学负担，减少大学教授指导的人均学生数。还通过教授业绩评价制度的实施和大学教师升迁及报酬等人事制度的改革，在高校中建立一套公平的竞争机制。

（3）改革大学教育课程，使之与世界一流大学接轨，并加强产学合作。为此，韩国政府进一步加强与世界各国高校间的交流与合作，学习国外大学在教育课程的设置、教学法及行政管理等方面的经验，以促进国内大学的发展；同时，还强化远距离教育，实施国际水平学术研究论文发表义务化和英语授课义务化，通过强化产学合作和实习，提高受教育的外部适应能力。

（4）扩充教师的研究室、实验室、电子图书馆和外国人（教师及留学生）专用宿舍等大学院基础设施建设。

（5）改革大学入学制度和大学人事管理制度，缩小学部定员，扩大招生的地域范围，保障学生对所学专业科目的选择权。今后各大学的研究生院招生定额的50%将直接面向地方的优秀大学毕业生。

第二章 研究生教育基本特征

　　研究生教育作为高等教育体系的一个组成部分,是大学后教育的一种形式,它既不同于大学本科教育,又与本科教育有着紧密的联系。研究生教育的基本任务包括两个方面:一是为社会培养高级专门人才,二是在科学研究中取得创造性成果,发展现代科学技术和文化。正是由于研究生教育肩负着培养高级专门人才和发展科学技术和文化的双重任务,才使任何一个国家的研究生教育都无不关系到其生产力和科学技术发展水平。

　　在整个教育结构系统中,研究生教育构成一个独立的阶段,具有自身的基本特点。研究生教育的本质特征是什么?研究生教育与高等教育其他层次教育的主要区别在哪里?对这些问题的回答,既是确立研究生培养目标的依据,也是进一步完善各项研究生培养制度、抓好研究生培养工作的基本前提。如果忽视这个问题,培养目标就会出现偏差,培养工作就会有盲目性,工作中的主次位置和关系就容易颠倒,甚至会使研究生教育与其他层次高等教育相混淆,造成人力、物力、财力和时间等教育资源的浪费。相反,如果能对研究生教育的本质和规律有所认识,那么,在招生、课程设置、教学、科研、论文写作、中期考核等工作环节上,就会自觉主动地抓住主要矛盾,处理各方面的复杂关系,使培养模式的建构更加切合实际。这无论在理论上,还是在实践中都很有意义。

第一节　研究生教育的本质特征

　　研究生教育的本质特点是什么?研究生教育与高等教育其他层次教育的主要区别在哪里?探究研究生教育的本质特点,目的是要寻找"区别于其他层次教育的原因和依据",发现研究生教育最独有、最一般、最稳定的性质。也就是说,对这些问题的把握必须通过对研究生教育本质的确定来实现。

　　关于事物的质,黑格尔曾经指出:"质首先就具有与存在相同一的性质,两者的性质相同到这样的程度,如果某物失掉了它的质,则这物便失去其所以为这物的存在。"毛泽东也强调:"对于物质的每一种运动形式,必须注意它和其他各种运动形式的共同点。但是,尤其重要的是,成为我们认识事物的基础的东西,则是注意它的特殊点,就是说,注意它和其他运动形式的质的区别只有注意它的特殊点,才有可能区别事物。任何运动形式其内部都包含着本身特殊的矛盾。这种特殊的矛盾,就构成一事物区别于其他事物的特殊的本质。"这就是说,事物的本质是由事物内在特殊矛盾所决定的,是该类事物所具有并区别于其他事物的特殊属性。

　　那么,决定研究生教育的那种质的规定性究竟是什么呢?我们又应如何把握?研究生教育作为高等教育的一个重要组成部分,具有高等教育的普遍的本质属性。在探讨研究生教育的本质时,很难用高等教育的最高层次一言以蔽之,因为它与本科生教育之间的质的区别已渐渐地显示出来,这种质的区别,是从高等教育中孵育、发展起来的。进而,我们要考虑的是研究生教育与高等教育其他层次如本科生教育、专科生教育的根本区别,即研究生教育的根本特征。尽管研究生教育是分层次的,不同层次内部又有着不同类型、不同学科之分,他们之间会有许多的不同,但他们也必然具备一些共同的特征。这些共同特征是研究生教育之所以为研究生教育的本质所在。研究生教育作为一个独立的教育层次,其特征主要表现在以下诸方面。

一、精英性

　　高等教育必须培养高级专门人才。所谓高级是相对而言的,因此,它本身就存在一个比较宽广的区间。在这种定义为"高级"的区间里,不同层次高等教育被赋予不同的使命。一般而言,在这个区间内有着两个比较明显的极限性层次,其上限是精英高级人才,下限是一般高级人才。

　　所谓精英高级人才,即英才或"天才"。他们是些什么样的人呢?国外学者有过种种定义。克雷奇马尔说"天才是永远存在于广大人群中里面的罕见的一种人格，它能够唤起人们积极的价值感情"；兰格认为"天才是给人们带来神圣价值的人"；佩尔顿等人则把英才看作是"善于选择某方面的价值，并获得最大价值的人"。概括地说，天才就是那些具有突出的智能水平和品德要素，能够在政治、军事、思想、学术、教育、文化、经济等某个方面或多个方面对社会的发展做出杰出的创造性贡献，从而在一定范围内影响历史进程的人。换言之，"天才"就是人们平常所说的"家"，如政治家、军事家、科学家、教育家、艺术家、企业家等，不仅如此，他们不仅是"家"，而且往往是"大家"，是大政治家、大军事家、大科学家、大教育家、大艺术家、大企业家。他们对社会的发展和历史的进程起着向导和开路人的作用，他们是社会最宝贵的财富。

所谓一般高级人才，指的是在知识、智能以及品德方面能够满足某种复杂劳动职业的基本要求，并能在相应的职业中从事富有成效的劳动的那些人。针对某种复杂劳动，他们的心理素质是合格而胜任的，这是他们的最大特点。我们平常所说的合格的公务员或管理人员、合格的工程师、合格的教师、合格的医师、合格的会计师、合格的农艺师、合格的演员等，就是这样一些人才。从个体的角度来说，他们所做的贡献，以及对于历史的影响虽然不及英才那样重大和显赫，但从群体的角度来看，他们却是社会的中坚和主力军，也是英才赖以存在和创新的直接基础

可见，社会需要有最优秀的人才为社会提供领导的技能，以及医师和律师等等的技能。我们必须帮助为社会培养受过高度训练的科学家、医师和律师，给予他们特殊的机会——在一个越来越以高知识和高技能为基础的社会的英才主义的需要。研究生教育作为高等教育的最高阶段，其目的虽然从属于高等教育目的，但在具体的培养目标上，对所要培养的人才的要求却远远高于本、专科教育，理所当然应该培养精英高级人才。因此，人才培养目标上的精英性是研究生教育的本质特征之一。德国的高等教育界普遍认为，社会的发展的确需要应用技术型人才，教育系统有责任培养出这样的人才，但是，这项任务绝对不是博士生教育应承担的。博士生阶段培养的不是熟练的技术工人，不是在为某一部门、某一职位培养人才，而是要培养出在某一学科领域能够进行深入的学术研究的学者和学术接班人。他们认为"纯科学"是超越于应用技术之上的，一个真正的学者和研究者的研究必然是对"纯科学"的探索。这也就决定了博士生的培养

方向。

　　事实上培养英才始终是西方研究生教育追求的最主要的理想。从世界大学发展史来看，大学在原创时期，乃为培育精英阶层的摇篮。不论是英国传统的牛津、剑桥等大学为教师与学生的共同体，以传授知识、培育人才为主，目的在培育优秀博雅的知识分子；还是像欧陆系统，以柏林大学为首的德国大学体系，为学者与研究者的集合体以探究问题、创造新知为主要任务，均以培养社会与学术领导精英为目标。因此，传统上，早期西方大学主要培育研究高深学术的人才。但随着社会发展与教育普及化，世界各先进国家的高等教育在21世纪快速扩张，高等教育从精英阶段进入大众阶段、甚至普及阶段。高等教育的扩充尤其是本科教育的扩张，使得研究生教育的功能不再只是培育社会领导阶层的精英，而是需要涵盖一般社会大众的职业准备。在此情势下，研究生教育必须采取多样性的发展，在招收学生、修业年限、课程内容、教学方法、经费来源、研究取向及机构规模等方面都需要重新定位，以适应不同的需求。尽管人才培养目标出现了多样化的趋势，并出现了与之相匹配的"学徒式""专业式"和"协作式"等几种培养模式，但总体来说，都没有背离研究生教育的"精英性"这一本质特点。20世纪80年代初原联邦德国科学委员会惊呼德国诺贝尔奖获得者为何这么少，他们把原因归结为大学放弃了英才教育，该委员会发表了关于高等学校培养英才问题的文件，题为《关于促进天才开发的建议》。文件认为高等教育入学人数的增加导致了对英才教育的"忽视"，主张"根据机会均等的原则"，改善普通高校和高等学校的条件，使有卓越建树能力的人才便于取得建树，诱发出他们的全部才华。并强调社会必须这样做，以便某些人能有条件和能力在政治、行政、工业、高等专业职业、手工业、科学和学术界以及学校中取得卓越建树。

　　可见，英才教育任何时候都在护卫着自己在教育上的追求，尽管它的社会基础已经发生了根本的变革。

　　研究生教育的"精英性"特征，预示着在研究生培养实践中应注意以下两点：

　　第一，对研究生教育的高层次性决不能理解为是本科生教育的简单延伸，而且在相当长的一段时期内，研究生教育并不应成为教育大众化的领域，研究生教育更不是教育"普及"的领域。虽然它是知识和社会进步必需的动力，但并不是人人必需的，不是今后每个人成长必经的阶段。研究生教育是一种对个体基本素质及潜质要求很高的教育。尽管随着社会的进步，受教育的人会越来越多，研究生教育的类型也会更加丰富，但是，研究生教育的这一性质不应该、也不会变化。

第二，回顾世界高等教育发展的历史，大众化阶段乃至普及化阶段不是不要精英教育，而是精英阶段上移。研究生教育在理论上应具备此特征。我们认为：高等教育中的大众教育、精英教育概念都有广义和狭义之分，广义的大众教育是相对于广义的精英教育或天才教育而言的，广义的精英教育是指高等教育的唯一目的就是要培养英才，除此之外并无其他目标和组成部分；但狭义的精英教育（或天才教育）指主要由以培养精英为目标的教育（即研究生教育），狭义的大众教育指进行一般意义上的高等教育，它与广义的大众教育都是现行大众化高等教育的一部分。以美国为例，最初的私立大学具有明显的精英教育的特点；早期出现的公立大学因为比较注重消费者的需要和本州的人力需求，与同期的私立大学相比，具有较低的选拔性，但仍属于精英教育阶段。随着这批公立大学像私立大学那样，在本科学院的基础上设立研究生院和专业学院，各州又相继出现了一批师范院校，以满足社会对小学教师的需求。在两次世界大战期间，许多师范院校开始超出师范院校的范围而开始成为公立综合性学院，只是其职业性专业多些。当先前建立的州立大学在招生方面日益走向选拔性时，这些后建立的州立学院则只成为较低选拔性的代表；再后来出现的社区学院，则明显成为美国高等教育的开放部分。

今天，在劳动力市场和高等教育的相互作用中形成的研究型大学、博士授予大学、综合型大学、普通四年制学院和社区学院，与社会需求形成了一种有效的和谐。可见大众教育阶段并不排斥精英教育，大众化教育过程中仍包含着实现精英教育的任务。西方发达国家最有影响的大学，如英国的牛津大学、剑桥大学，美国的哈佛大学和斯坦福大学，法国的巴黎高师，日本的东京大学等，无一不是以培养高级专门人才，包括政治人才和管理人才而闻名遐迩的。这些国家大量精英人才的产生过程，也是伴随着其高等教育大众化的过程。正如克拉克·克尔所说："我并不相信，为什么大众化高等教育或普及高等教育必然是精英高等教育的敌人，有任何内在的理由，虽然这曾经常常是事实。确实，精英高等教育曾经是高等教育的全部，现在成为一个不断变小的部分。但是大众化高等教育和普及高等教育能够帮助鉴定新的才华转学到精英部门，能够使精英部门变得更加精英成为可能——今天，哈佛和加利福尼亚大学事实上开展了更多选择性低的功能，比它们在没有大众化部门时更加精英化。"

由于研究生教育在推进科技进步、促进经济发展方面，具有知识传播、知识创新、人才培养、科技开发等多种功能，因此更要突出精英性、强调规范性，强调质量的重要性。要从指导教师、学位论文、科研实践等多个环节加以规范和提高。现在社会上的一些领导干部、企业高管也热切希望攻读学位，提高水平，这是好事。但是要防止通过各种非正规的渠道获得学位而水平却没有实质性的提高的现象，防止损害研究生教育声誉的行为。

第二，对于精英型人才的培养，应发扬"慢工出细活"的传统，真正的精英型人才不可能通过"大批量生产"获得。"大批量生产"除了带来数量的增长或规模的扩张外，并不利于质量的提高。况且，从效益的观点来看，规模不等于规模经济，规模更不等于规模效益，规模的扩大并不必然导致资源的合理配置与利用率的提高，也不必然带来规模经济现象。对于研究生教育来说，我们追求的是研究生教育的整体效益而不仅是规模效益，当然更不是研究生的数量。我们不能用精英教育的培养目标、学术标准与规模来规范大众化高等教育；同样，也不能用大众化教育的培养目标、学术标准与规模等来要求从事精英教育的机构。

当然，现代研究生教育比较复杂，它已形成一个多层次、多类型的体系，在这种发展态势下，要概括研究生教育的本质特征十分困难。随着研究生教育规模的不断扩大，其学术性将有所淡化。设想如果实施研究生教育的单位，既不争取他们的学术地位，又不去攀登应有的文化层次，那么，很难说其研究生教育的性质能维持多久。弄得不好，就会演变成为本科后的一种继续教育，再严重一点就是蜕变成像专科教育一样的职业技能培训，变成生产文凭的工厂。

二、专业性

专业有广义和特指之分。广义的专业是指知识的专门化领域，特指的专业是指当专业与培养人的活动相联系时，往往就成为一种培养人才的基本单位，演变为一种实体。这个实体就是依据学科分类和社会职业分工需要，分门别类进行高深专门知识教与学的基本单位。

（一）"专业"是研究生教育的载体

研究生教育是按专业进行培养的一种专业教育，是建立在本科教育基础上的更高层次的专业教育。本科生教育在高等教育层次中还有所谓通才与专才的争论，对于研究生教育则不会再有这种争论。相对于研究生教育，本科生教育的通才性是明显的，本科生一般在高年级才显示出明显的专业特点，许多国家对本科生没有研究训练的明确要求，没有学位（学士学位）论文的要求。即使对于本科生高年级，要求普遍进行科学研究训练也不是很现实的（少数可能例外）。

考察培养研究生活动的历史，研究生的教育一直是围绕"专业"来进行的。19 世纪初期，德国柏林大学倡导学术自由，提出教学与科研相结合的办学原则，为近现代产生培养研究生这一教育层次开辟了道路。德国教授在自己的实验室和讲习中著书立说，培养了高水平的科学博士，证明了教育只有在大学中开展研究并与人才培养结合时，才具备产生培养研究生的条件。人类的每一时代、每个社会都需要有某种研究者，因此都必然存在以某种专业领域为主的培养活动。古希腊时代，出于当时参政竞选的需要，雄辩术专门领域备受重视。中世纪出于宗教的目的经院哲学流行，神学专门化领域至上至尊。12 世纪时意大利的波隆那大学也是由于商业纠纷中需要法学而设立。中国自唐代后也兴起培养研究者之风，科举要求熟读四书五经，这时，农工商鲜人问津，文史儒经领域却人满为患。考证表明，落后的生产方式及社会的经济结构决定高级研究只能局限于神学、语言学、法学等专业领域。随着社会经济和科学技术的发展，研究未知领域的活动也不断扩大和深化，并要求产生新的学科、专业，这种任务是本科生活动所不能完成的，于是高级的研究生活动应运而生。当研究生专业与培养人的活动相结合时也会演变成一种实体，实际的形成依据是学科分类和社会职业分工需要，实体的任务是对知识的学习和创造。学习和创造体现了培养人才活动中知识领域的特点，即学习和创造都是围绕某一专门知识领域进行的。

可以说，研究生一旦入学，他们就会找到很多原因去选择一个相对窄的主题以便集中学习。他会着迷于某一特定的知识领域，他认为专业化是取得研究生学位的最保险途径，如果选择的一个领域与一个教授的研究方向有关，那么这个学生将会有一个令人兴奋的充实自己的机会，可以在一个开拓性的研究小组中当助手，这不仅很快丰富学生的教育经历，同时也会给研究小组带来新思路和注入新的生机，这充分体现着研究生教育的专业性特征。

（二）专业性反映了研究生教育的原本宗旨

从学位起源看，硕士、博士的头衔不过是对从事专门职业的资格认可，例如教师资格、律师资格、医师资格等。具有专门职业资格的人同时就有一种权利，即不再经过考试就可以执教或开业，从而履行他的专业职责或义务。

专门职业即专业（profession）与普通职业（trade）有许多不同：

第一，专门职业与普通职业的教育与训练应由不同类型的高校来实施，就相当于"学"与"术"的区别。按蔡元培先生的说法，"学以学理、求真为旨趣，术以应用、求实为目标。治学者可谓之'大学'，治术者可谓之'高等专门学校'"。

第二，专业被认为需要高深的学问，为此需要更长时间的教育与训练，因而学位又成了一种学业程度的证明或学术水平的标志。研究生教育是专业教育，每项专业为了自身的不断发展都需要有创造性思维。当研究生教育放弃了创造性思维时，就会蜕变成初级职业教育，专业也必然会蜕变成为一个初级职业。如前所说，19世纪初，德国大学的改革使研究活动进入了校园，原先在大学中只属于预科性质的地位较低的哲学科，随其纯学理或纯学术的研究成就，地位迅速上升，从而传授自然科学与人文社会科学知识的哲学也设立了博士学位即 PHD，取得了与传统的专业科（神、法、医）等同甚至优先的地位。19 世纪 70 年代，德国模式最先由美国有意识地仿效和改造，后者特创设的研究生院及其提供的本科后教育与研究，成了所谓"美国模式"的标志。

西方社会认为，劳动分工中的专业可分为两大类：一类是以研究为方向的学术学位；另一类是以实践为方向的专业学位。可以这样认为，在西方发达国家，任何一种专业资格或专家身份均受到社会的特别承认，而拥有高级学位常常是取得这种资格的先决条件；从学生方面看，研究生教育必须为学生顺利进入专业界提供充分的准备，或者说以培养"专业人才"为自己的目标；就教师而言，其总体隶属于学术专业界，而个人则时常兼有其他实际专业的注册资格，换言之，培养"专业人才"的教师本人就多是该专业的内行，具备学者和专家的双重身份；同时专业界因此理所当然地要关注和参与研究生教育，为保持自己的专业水准，对学生接受的理论和实践训练发表权威意见。

因此，实施以学科为基础的专业教育是现代研究生教育的基本特征之一，研究生教育合理存在的基础就是能够满足现代高度分工又高度合作的工业化社会对各类专门人才的需要。尽管现在流行指责专门化，但事实上正是专门化使我们达到了今天的高度，而且只有更高程度的智力专门化才会使我们更进一步向前发展。研究生教育的专业性特征，要求我们在研究生培养中应重视"专业精神"，这是一个社会需要研究生教育的本质和核心内容。因此，对于课程设置来说，以学科和专业为核心的课程设置模式不可能也不应该发生根本改变，在此基础上，进行跨学科特别是不同类别的学科之间的课程综合，不应该掩盖研究生教育中的专门化教育。

（三）专门化中的"博"的问题

值得注意的是，强调专业化并不意味着对"博"的忽略。一个学科日益渗透，更趋合作化、全球化工作的世界要求我们培养具有适应性和灵活性及精通技术的年轻人。研究生教育的过分专业化的缺点虽然不立即表现出来，但不管学生是否能成为一个研究工作者，对于国家和学生来说，这种缺点确实是存在的。一个人过分集中于某一分支领域将使其后来的研究成果受到限制，并且影响其职业的选择。很难估计研究生等读完早先在研究生院所选择的专业后，劳务市场是否还需要或者所从事的研究方向是否还是科研的前沿。所以不管他是否已经开始做研究工作，后来的中途职业改变是需要的；过于狭窄的教育经历将会使这种改变非常困难，特别是对非传统型的工作领域。因此，专门化的"博"的问题的解决也显得尤为重要。我们可以通过以下途径来化解。

1. 提供课程选择的自由

研究生作为高层次专门人才的一个特定的培养阶段，对他们在基础方面的广度及深度应该有一个较高的要求。他们的知识不应该仅仅限于自己研究课题的一个狭窄方向的范围，而要对本学科的历史、现状及发展趋势，对本学科及其他相关以及应用领域的知识有比较清楚的认识和了解，以改变单一孤立的知识系统。如果研究生教育计划提供一个更宽的由他们的教师赋予价值的各种学位和课程选择，那么，学生将得到更好的教育。对于所攻专业领域的基础知识广泛涉猎及对相关的分支学科切实熟悉是非常重要的。研究生知识面的广博可以通过拓宽相关领域、学科交叉或兼修得以提高。例如，一个学化学的可以兼修计算机，学生物的可兼修数学。叫一个想做物理学家的学生花费时间去学习西方文化遗产，他可能会很不耐烦。假如叫他以物理学为学习中心，讨论物理学在历史上的影响，物理学对社会产生的结果以及物理学与伦理学的关系之类的科目，他就会注意了。一个学生只要认识非专业学科与专业学科的关系，他会热心钻研这些学科的。一个物理学家所要知道的历史知识和一个语言学家所要知道的生物学知识，不是这些知识的全部内容，而是一种思维方式。学习这种思维方式，最好是通过实际研究人员对这门学科的一个片段作详细的讲解，而不是从广泛浏览去学习。

2.参与研究和实践

科研是通向博学的重要途径。研究生在科研过程中，站在学科的前沿，接触新的学术问题，新的知识内容，无时无处不受到博学的挑战，暴露自身学识上与经验上的弱点和不足。涉足的科研面越广，科研选题越优秀，环境越逼人，这种挑战就越广大越激烈，越能激发研究生博学的积极性和创造性。参与研究工作，其本身就是通才教育；当学生注视着教授探索新知识时，就可以领悟一些新颖的思想方法。同时，积极参与实践也是实现博学的有效途径。在实践中能比在实验室和课堂获得更多职业技能，所以更多的学生应走出校园参加实践，通过接触更多的老板来获得所需的技能，特别是在非专业领域复杂的交流能力和在相互分工合作的群体内工作的能力。

2. 必要的交流切磋

合理组织具有不同学科不同专业知识的人进行交流，在共同的具体目标下相互切磋，改变学子"唯书唯师，不敢越雷池一步"的传统，改变他们"重专轻博"背离交叉学科时代的传统人才观。通过学术活动能发现各专门知识、各相关学科之间的联系，形成知识的"大局观""整体观"，让各种思想进行聚合、碰撞、催化、互补，才能产生新的思想和成果，从而促进交叉学科的发展，培养跨学科的人才。

三、探究性

美国密执安大学校长塔潘认为，大学"必须包括两个层次的活动：低层次的活动是为那些还在学习如何学习的人准备的活动；高层次的活动是为那些已知道如何学习、懂得如何创造新知识的人准备的活动"。这里，塔潘认为的"低层次的活动"就是指本科教育，而"高层次活动"则是指学士以上的研究生教育。高层次活动就是探究，就是研究。这种"研究"是"对原则进行发展、详细阐述和精练提纯的科学研究，以及收集和运用经验性资料以帮助这种研究生工作的进行，是大学的最高活动之一"。

研究生教育与本科生教育的区别，首先并不在于知识传授和学习上的层次差别。虽然从教育的本质来讲，本科生教育也应该把创造性思维和创新精神的培养付诸教育的全过程，也应该把知识的学习与科学研究能力和实践能力的培养结合起来，但是，本科生教育的基本要求首先是专业知识的系统学习，并通过这一过程的学习，使教育对象获得德、智、体、美等方面的全面发展。然而，研究生教育虽然在硕士阶段（有时也包括博士生阶段）仍然有着专业知识和基础的进一步加深和拓宽等任务，但是研究生教育在本质上是以"研究""探索"为内容特征和培养方式的一种教育，所以，它不单纯地传授和学习已有的知识，而是以探索知识、发展知识、生产知识（包括对知识的创新及其中的训练）等作为基本内容。因此，研究生教育在培养模式上应形成专属于研究生教育的特征。

研究生教育过程是一个探究的过程。所谓探究就是用科学方法探索事物的本质和规律，是科学家们用来研究自然界并根据研究获取的事实证据做出解释的各种方式，也指学生建构知识、形成科学概念、领悟科学研究方法的各种活动。这就把科学研究+知识建构+研究方法相结合作为人才培养的导向，揭示了探究的内容和本质，表明教学与科研活动相结合已成为培养高层次专门人才的重要方式。

（一）探究是"学问生产能力"得以提高的手段

从对研究生教育的作用与主要任务的认识角度出发，具有较高的学问生产能力是研究生教育得以生存与发展的根基。所谓学问的生产能力则指在科学的理论、法则、概念、物质的发现与发明方面的数量和质量。研究生教育以较高的学问生产能力为主要目的。相应于专门系统的研究训练,其培养的目标自然也更强调学问生产能力的提高,在知识领域更强调专门和前沿,不只是创造性学习,而且必须学习创造,学会创造(以出创造成果为标志)。而且从教育目标和任务来说,研究生教育是继本科之后更高层次的教育阶段,区别教育的层次,不仅仅是教育时间的延长,教育科目和内容的扩大与专深,而主要是人才的创新能力。这要求研究生既博学又善于创新,从已知中创出新知。具有较高的学问生产能力,不仅反映了研究生教育应有的规律和特点,同时也凸现研究生教育与其他层次的教育包括本专科教育的区别。自从19世纪德国大学以其高深的学问研究领先于世界各国,德国研究生培养模式便成为人们模仿的样板,因而研究就成为研究生教育的主要活动,研究生教育必须具有较高的学问生产能力,这一点已经成为共识。

以研究为主是研究生教育的基本特征。与其他阶段教育主要通过不同教育环节如教学、社会实践等活动的开展来传授、教授技能不同,在研究生教育过程中,参与各种研究活动是其基本的培养方式。这与人类知识产生与发展的方式、进程以及研究生教育的本质特性直接相关。人类知识体系是人类探索自然世界、社会现象和人类自身发展规律的结果。自近代资本主义产生与发展以来,单纯通过长期的积累来获得知识的进步,已经无法与人类对知识增长的要求和生产领域的不断扩展相适应,特别是科学知识不断以加速度的增长方式在不同学科领域获得突破,通过教育培养能够参与知识创造活动的人才已成为教育功能的自然延伸,从而确立了研究生教育在高等教育阶段的地位,也就自然确立了开展研究这一基本的培养方式在研究教育中的地位。研究生教育阶段的研究活动的开展,虽然包含着新技术、新产品的开发研制,但主要目的还是培养并使其具备在实际的专业工作中进行继续研究和创造的能力。

(二)探究是研究生教育得以产生与发展的基础

研究生教育进入大学是科学研究进入大学的产物,同时,它又成了科学研究进入大学的标志。德国首先改变英、法大学只具有教学(传授知识)功能的做法,这是研究生教育首先产生于德国的主要背景。美国研究生教育的一个基本理念是在研究训练中学习提高,通过研究实际课题增长才干,同时出科研成果和人才。研究性是研究生教育活动的重要特性。科学研究进入大学表现在两个方面：大学教师不只是教书，还必须进行科研；大学教师不只是教学生知识，还必须教学生进行科学研究训练，必须培养能直接从事科研的人才，这便是研究生培养。研究生教育最基本的特点、区别于本科生教育的特点，就是要有专门系统的研究训练。

德国是现代研究生教育的发祥地。从现代研究生教育产生之日起，德国的研究生教育就是培养学生进行科学研究，发展独立研究能力的教育阶段。正如洪堡所说：大学的作用就是把客观的科学和个人的教育统一起来，"科学的目的虽然本非如此，但它的确是天然合适的材料"。这样，洪堡就将科学研究与高层次人才培养密切联系在一起。在柏林大学的组织纲领中，洪堡更明确地指出，大学要"尊重科学和它自由的生命力，以不受限制的科学手段，培养学生成为具有真正科学修养、有独立思想、有理智和道德的青年"。在此基础上，他提出了"由科学而达至修养"的教育原则，力求将教学与科学研究结合起来。洪堡指出："在高等学术机构中，教师与学生的关系与在中学迥然不同，教师不是为学生而存在，两者都为科学而共处。"在研究生教育阶段，无论教师还是学生，都要"把科学看作尚未穷尽且永远无法穷尽的事物，并不舍地探求"。"大学教授的主要任务并不是'教'，大学学生的任务也并不是学；大学学生需要独立地自己去从事'研究'，至于教授的工作则在诱导学生'研究'的兴趣，再进一步指导并帮助学生做'研究'工作"。探究既是发展科学的手段，也是培养人才的手段，不进行探究，就不可能产生研究生教育，更不能培养高层次的专门人才。

1876年，美国按照德国大学的模式建立研究生教育制度，明确提出研究生教育是培养学生进行科学探索和研究的教育阶段，研究生教育不但要使研究生掌握高深的专业知识，而且要重视智力发展和所学知识的紧密结合，培养研究生的探索精神和探索能力。这种认识后来成为美国研究生教育发展的哲学基础。法国从未有研究生教育的这一概念，其大学的第三阶段则相当于其他国家的研究生教育，1994年的《高等教育法》规定："第三阶段是为了从事科学研究并通过科学研究而进行培养的阶段，它包括个人或集体完成一篇论文或取得具有特色的科研成果，也包括密切结合科学技术新成果的高级职业培训。"日本在明治维新后引入德国的博士生教育模式，把博士生教育看作"研究高深的学术技艺"的教育，其教育主要是进行科学研究训练。第二次世界大战后，日本又引进了美国的研究生教育制度。日本1947年通过的《学位基本法》规定："研究生院的目的是：教授和研究深奥的学术理论及其应用，为发展科学文化做贡献。"研究生院的使命就是通过推进基础研究来建立学术研究的基础，同时培养高层次的科技研究人员和专业人才。从各国对研究生教育的理解看，研究生教育作为整个教育体系中的最高层次，在本质上是培养学生进行科学探索和寻求学术真理的阶段。

研究生教育的"探究性"特征，昭示着在研究生教育实践中应注意：

第一，不能因学位的分化而忽略或掩盖研究生教育的"探究性"特征。学位分化主要包括"学术性学位"与"专业性学位"的分化。目前，我国硕士研究生分成两种培养方向，一种是学术型的，为培养博士做准备；另外一种是专业型的，就是高级技术人才。针对这一分法，著名国际数学大师丘成桐认为："如果到哈佛来读书的研究生，就一定要是研究型的，否则我们是不会收的。我所认可的研究生一定是研究型的。我觉得现在走专业型的，不叫研究生，应该叫职业生。"由此可见，"研究生教育在不同的时代有不同的含义，但它最基本的含义就是一种培养研究人员的教育，忽视研究的特性，就会给研究生教育乃至整个教育带来不利的影响。如没有强调研究生教育的研究特性就会助长诵背书本的传统，使普通教育丧失方向，也将使整个教育机制都失去统合的作用"。

第二，注重科学精神的养成。目前现代科学研究已经成为一项职业，职业即谋生之道，科学研究成为科学工作者生活的来源、仕途通达的手段和荣誉的阶梯。职业要求科学工作者必须在短期内拿出像样的成果，这种对待科学事业急功近利的思想是不符合科学研究规律的，必然会对科学研究产生不利的影响。因而，在研究生教育过程中，关键是用科学精神培养研究生。社会学家马克斯·韦伯认为科学是一项神圣的使命，科学家献身真理，从而保证了科学的纯洁，将真理之于科学与生命之于人生相等同，反映出对真理的高尚追求。

科学精神的首要特征是探寻客观世界的本质，追求认识的真理性，坚持认识的客观性和辩证性科学精神是科学研究者必备的精神状态和思维方式，是由科学主体与客体的内在联系决定的，是由探索未知和追求真理这一活动的性质决定的。用科学精神培养研究生，首先要引导研究生真正献身于科学，而不是以功利主义去引导他们为拿学位而攻读硕士或博士。所以，攻读硕士、博士学位，就要勇于献身科学，甘于寂寞，潜心于探索未知问题。

第二节　研究生培养的目标定位

　　研究生教育作为大学本科后的、以培养精英人才和科学研究为主要特征的更高层次的专业教育，是一种更为复杂的社会活动，因而，研究生培养目标的定位有其特殊的要求。研究和认识研究生培养的目标定位，是建构研究生培养模式的基础，也是完善研究生培养制度和措施的理论依据。研究生教育是从事高深和专门知识的传播、创造与转化的活动，有其特殊的工作方式和运行规律。研究生培养的目标定位，主要体现以下三方面基本要求：适应学生个体身心发展的个性特征、符合高深知识发展的内在逻辑、满足社会发展的合理需求。

一、适应学生个体身心发展的个性特征

　　教育的对象就是人，而促进人的素质改善、提高，始终是教育最本质、最基本也是最重要的目的和任务。研究生教育虽与其他的教育有所不同，但其培养人、发展人的属性是不变的。故此，研究生教育也必须遵循受教育者身心发展的规律，只有这样，才能促进他们全面素质的发展。

　　关于受教育者的身心发展规律的研究，这是一般教育学的基本课题，权威性的、带有普遍性的结论是，人的身心发展主要有如下规律：①人的身心发展是统一的；②人的身心发展是有序的，在连续性中是有阶段性的；③人的身心发展既有稳定性又有可变性；④人的身心发展是不均衡和有差异的。研究生身心发展总体上也必须遵循上述规律。但是，不同类别、不同层次的教育其教育对象不同，不同的教育对象的年龄阶段不同、文化程度不同、智力与非智力的发展水平不同，其身心特征是有差异的。这种教育对象的身心特征的差异，决定了不同教育除了应遵循人的身心发展的共同规律外，还必须遵循具有本教育特点的学生的身心发展规律。

　　研究生教育的对象在很多方面与大学本科教育的对象都有区别，他们

身心发展程度与本专科学生不同。①从年龄上看，大学生多为20岁左右的青年人，而研究生的年龄跨度极大；②从学历上看，硕士研究生必须完成大学本科的学习或获得同等学力，博士研究生则必须完成硕士阶段的学习任务或获有同等学力；③从阅历来看，研究生既有出校园门又进校园门的应届毕业生，又有在社会各种工作岗位上从事实践活动十多年经验丰富的在职人员；④从能力来看，他们都经过了系统的专业理论的学习，也已经掌握了相当的专业技能，具有独当一面从事专业活动的能力或者已经在创造性地独立地从事某项专业工作；⑤研究生深入学习专业以求进步发展的动机比较专一，深造的目的明确。如此等等，均说明了研究生这个来源复杂多样的求学群体，其身心发展都已经达到了能为他们今后相当高深层次的学习所必需的专业基础、能力素质、心理准备等提供良好基础的程度，也正是这样一种身心发展条件，使他们的学习具有独立自主、研学结合、求深探新的特征，而这些特征则决定了其身心发展应有的规律，也是我们进行研究生教育所应遵循的。

（一）自主性

从人的身心发展规律上来看，"自主"之所以成为研究生的一个重要特征是因为它"符合成年人最本质的秉性"。相对于本科生而言，研究生大多有着丰富个性，是已经装备了较扎实的基础知识和一定专业知识的人。他们有发展个性的强烈要求，有跃跃欲试应用已学知识的迫切愿望，其思维能力和自我意识得到相当的发展，已具有较强的选择意愿和选择能力，因此，在研究生的培养活动中离不开他们本人的积极参与和主动设计，如自己设计目标，自己限定学术领域，因为他们已经懂得如何学习、工作。正如雅斯贝尔斯所说："大学生要具有自我负责的观念，并带有批判精神从事学习，因而拥有学习的自由。"研究生的"自主性"标志着学术个体在教育过程中的地位有了变化。在博士生培养过程中，研究生具有更加自主、更加独立、更加起决定作用的地位。

因此，教育应充分珍视学生的独特性，给学生足够的学习活动的空间，给他们全面展现个性力量的足够的空间，让他们全面展现个性的力量。只有承认并正视现代学生的自主性特征，才能有效地和学生沟通，达到教育和影响他们的目的，从而培养出具有独立个性的人才。同时，自主性与创新能力是高度相关的。特尔曼在研究 800 名天才后发现，20%成就最大的人和 20%成就最小的人的最大区别就在于个性品质。他甚至把一个人成就的 75%归功于人格因素。

（二）学习者与研究者合一

研究生教育是通过科学研究进行的教育，这种教育也必须对教师和学生的作用有不同的理解。正如洪堡所强调的："大学教师不再是教师，学生不再只是学习，而是学生自己进行科研，教师只指导和支持他的科研。"事实上，"德国各州高等教育法的规定中，既把博士生作为学生，又把他们视为科研助手"。也就是说，在大学里，博士生所扮演的不仅仅是学生的角色，更是研究者的角色。这种角色定位，应当说更符合研究生在大学中的实际身份，这样才更有利于研究生的积极性、自觉性和创造性的发挥。

二、符合高深知识发展的内在逻辑

研究生教育活动是高度学术活动的整合过程。学术活动的创造性必须以遵循一定客观规律为前提条件。毫无疑问，改造自然必须遵循自然规律。学术活动除了必须服从自然规律和社会规律，遵循学生个体身心发展的个性特征外，还必须遵循作为学术活动基本材料——"知识"发展的内在逻辑运动规律。作为教育，这就是真诚地追求知识；作为学术，这就是真诚地献身于知识的进步。J.S.布鲁贝克也明确指出："大多数普通教育哲学都主要集中在研究初等和中等教育。它们并未发现第三阶段教育和高等教育有着其他层次学校中碰不到的特殊问题。高等教育与中等、初等教育的主要差别在于教材的不同：高等教育研究高深的学问。在某种意义上，所谓'高深'只是程度不同。但在另一种意义上，这种程度在教育体系的上层是如此突出，以至使它成为一种不同的性质。教育阶梯的顶层所关注的是深奥的学问。这些学问或者还处于已知与未知之间的交界处，或者虽然已知，但由于它们过于深奥神秘，常人的才智难以把握。"

研究生教育活动，是以高深知识联结着各种活动：研究创造它，综合使用它，教学传播它，应用转化它。成功的学术工作必须首先全面反映该领域的知识。

（一）高深知识的发展特征

1. 高累积性

知识是世世代代积累起来的。"累积性"是指高深知识的增长主要依靠学科知识的积累，知识积累到一定程度，会产生知识的突破与发展。各门学科都是历史发展的产物，它们随时间迁移而发展，并获得不同的声誉。"人类精华"和"文化遗产"这类术语中明显含有大量的知识继承性的意思。在人文学科领域，某些思想观念由于具有永恒价值而成为精华并留传下来；在自然科学领域，继承性甚至表现得更为深刻和明显：创新一门学科需要经过许多代人的努力；创新的思想往往具有数百年的历史。过去的思想则是捐赠给今天的思想的遗产。高深知识的发展具有明显的"高积累性"特征。

2. 边缘性

高深知识具有专门化的性质，很久以来就由若干专业组成，并且这种专业有日益增多的趋势。如果各国高等教育要成为高深知识的社会支柱的话，专业的无限聚集就是一件必然的事。尽管如此，每一专业都要跨越自己的专业界线进入目前尚未标界的领域（无人地带），才能不断进步。高深知识的发展呈现出"边缘性"的特征。因此，由于在某些学术场所发现已成为学术系统的一项主要职能，因此它的开放性（open quality）通过学术组织聚集和操作的方式得以反映。在今天，这一长期处于学术生活边缘的跨学科的综合性的研究正在成为中心，人类知识的边界正在急剧地重组。跨学科综合化的研究和应用成为基本的研究和应用方式，不同学科知识的相互渗透是现代科学发展的又一新特点和新趋势。

3. 不确定性

发现知识是一项无止境的任务。高深知识的产生主要依靠对知识的怀疑、猜测、争鸣和反驳，因而，问题的寻找和理论的猜测成为科学工作的核心，高深知识发展的方向是多维度的，高深知识的增长具有非线性、不确定性特征。常规组织机构明显的是作为实现已知、确定的目的的合理手段而建立起来的，然而由于知识是一项探索未知世界和不确定事物的工作，要通过常规组织机构对其加以系统化是很困难的。高深知识发展的不确定性，需要对知识进行艰苦的探索。

（二）全球化背景下高深知识生产模式的变革

吉本斯（Gibbons，1998）根据全球化背景下知识生产方式的变化提出了一个有影响的观点。他识别了两种知识生产的模式，即模式Ⅰ和模式Ⅱ（见表 2.1）。模式Ⅰ的特征是知识生产由各级组织分层管理，由特定的专业群体认可，问题的界定根植于研究和学术学科领域。模式Ⅱ则不同。这种知识生产与实际应用紧密相关，它取决于经济和社会领域中产生的问题，而非依赖于学科本身。在该模式中，组织松散，以任务为中心，允许非同一机构中的研究者和发展者组成灵活的合作模式。新知识的说明、质量控制和认可均根据投资者的需求来完成，跨学科性特征很普遍。信息与传播技术使模式Ⅱ的知识生产变得十分容易。模式Ⅱ对传统的研究与发展、相关的学与教的形式、知识的认可与传播过程提出了挑战，大多数实际问题是跨学科性的，而不局限于某一门既定的科学学科领域。由此证明了这一观点，即科学技术教育应当关注于能力的运用，并尽可能与之紧密相连。

表 2.1　知识生产模式Ⅰ和模式Ⅱ对比

模式Ⅰ	模式Ⅱ
由特定学术群体生产知识	运用过程中生产知识
单一学科的	跨学科的
技能技术和组织形式相协调	技能技术和组织多样性相协调
组织上和理智上因袭等级观，因循守旧	等级观念薄弱，创新意识较强，组织上和理智上偏好整体性
强调专业人士群体的责任感，对内部意见做出反应	增强社会责任感，对外部意见做出反应
由上层委托进行内部质量控制	由投资者和专业人士群体在内部和外部进行质量控制

在全球化背景下，研究生教育的多方面内涵反映了其知识生产观趋同于模式Ⅱ的特征。

第一，模式Ⅰ适合于传统的科学事业模式。因为"大科学"已取代了好奇心驱使下的个人研究，因此研究生教育受到了为知识生产而进行的科学进程的适度冲击。模式Ⅱ则要求将更广的范围作为研究和生产知识的土壤，它超越了传统的科学及其方法。它渴望提供一种知识生产的模式，这种模式波及整个科学与技术领域，包括人文学等。

第二，模式Ⅱ更适合于自下而上的计划策略，以建构跨领域的研究生教育政策。自上而下的计划存在诸多弊端，如过于专业化、对迅速变化的需求反应迟缓、因缺乏投资者的赞助而步履维艰。

第三，模式Ⅱ还适合于不同层次供需状况相关的计划与政策。它不能忽略它们，因为供给方的决策提出了投资要求，而需求方则决定了就学的情况，关键问题是国家与私有部门的职责分工。

第四，如果研究生教育能容忍模式Ⅱ的知识生产，则现行的研究生培养模式必须改变。主要包括发展实践的网络、伙伴关系和组织。这种实践不像传统的模式那样，它并无简单的系科设置和划分，这对传统的以系科设置为特征的研究生培养模式提出了挑战。系科不再拥有太多的完整性；知识生产活动是跨机构、跨系进行的，甚至存在于组织之间的有效空间里，通过群体性的积极工作来解决特定的问题。

知识生产的模式在社会发展的不同阶段是不同的。传统的知识生产由于与社会经济的发展不存在直接相关，其实用性目的自然不明显，因此知识生产活动多是某些学术精英出于"闲逸的好奇"，依据各科的内在逻辑进行研究，研究成果的价值取决于其对某一学科知识体系的贡献。成果的评价也由科学共同体内部的人依据学科标准做出。在此种知识生产模式下，洪堡提出进行科研的生存条件是"寂寞与自由"，要求"国家不应指望大学同政府的眼前利益直接联系起来"是有道理的。但也并不是说这时的研究生教育所进行的科学研究就是完全脱离社会的，洪堡曾明确提出政府应抛开眼前利益的需要，给大学以财政资助，以获得国家长久的利益。而今天知识生产的模式已发生重大改变，问题的提出不再出自个体的好奇心而是取决于社会应用的背景，问题的解决需要多学科的人士合作完成，成果的使用和评价由学术团体转向团体外部进行。所以知识生产的内部逻辑最终体现在其满足社会需要的程度上。

知识，作为大学活动的对象和特殊的理智材料成为价值判断上的一个新的视野和思维空间。将知识作为大学价值选择的一维空间加以考虑是高等教育理论的进步，但它绝不意味着以"知识本位"取代"社会本位"和

"个人本位"。强调知识的价值目的在于：从理论上肯定和确立研究生教育作为高等教育最高层次教育存在的合理性和不可替代性，保证研究生教育按照自身的内在逻辑，开展各项活动。1994年美国教育家伯顿·克拉克指出："无论讨论哪一层次的教育，都离不开知识这一核心概念。"他还认为，知识就是材料。这种材料，"尤其是高深的知识材料，处于任何高等教育系统目的和实质之中"。因此，研究生的培养活动应符合高深知识发展的内在逻辑，或者说应遵循高深知识内在逻辑运动的规律。

三、满足社会发展的合理需求

研究生教育作为高等教育的最高层次，与社会有着最为密切的关系。研究生教育是一个由不同层次、不同规格、不同模式、不同管理方式构成的系统，根据系统科学与环境互动原理，系统作为有组织的整体，总是相对独立于一定的环境之中，每一系统都是时间和空间上有限的存在；环境是系统能够存在的客观依据，系统只有不断地与环境进行能量、物质和信息的交换，才能维持自己的生存。研究生教育是社会的一个子系统，而社会大环境就是研究生教育赖以生存的环境。一般的规律是，某项事业或某个组织，社会对它的依赖性越高，则对它的影响和制约往往也越强烈；反之，研究生教育系统如果不开放自己，不与社会相联系，而是把自己封闭起来，就会落入"就研究生教育谈研究生教育"的窠臼，不利于研究生教育的发展。故此，研究生教育是以知识创新和培养创新知识的人才为己任，这就决定了知识经济时代社会对研究生教育的高依赖、高需求性，自然也决定了研究生教育必须适应和满足国家和社会发展的需求。

(一)国家和社会通过对不断变化的人才素质要求来影响研究生的培养目标

国家和社会对研究生教育的需求必然从制度和效率层面外在地决定研究生培养目标的本质特征，即，所培养的研究生必须具备广泛的社会适应性和多样性的知识、能力与素质，实现培养目标与社会需要的基本衔接、稀缺资源的合理配置以及知识的有序流动。

研究生培养目标是动态的历史范畴，必须主动迎合社会不同发展时期的不同社会需要。是否满足社会需要成为衡量研究生培养质量的重要标准之一。研究生教育要在市场竞争中取胜，要有较高的培养质量和较好的声誉，必须认真研究人才市场的需求，并将这种需求切切实实地落实到研究生培养过程中。

21世纪研究生教育将具有以下特征：①经济的全球化、科技创新的国际化已成必然；②知识经济成为主流的世纪；③科学技术突飞猛进的世纪，尤其是信息科学、生命科学、认知科学将取得新的突破，导致新的技术革命；④人与自然协调、可持续发展的世纪；⑤东西方文化激荡、融合的世纪；⑥科学精神与人文精神交融统一的世纪。时代发展对高层次人才的要求将主要体现在以下几方面。

（1）为适应经济全球化、科技国际化的竞争与合作，新世纪人才应当有国际化的视野。

（2）知识创新、知识创造性地传播与应用成为经济发展的主要动力，高技术产业和以知识为基础的服务业将成为最宏大的产业。为此，21世纪的人才，应当有创新的精神和能力。

（3）为迎接科学技术的突飞猛进和知识结构与内容的不断更新。新世纪的人才应当养成终身学习的生活方式。

（4）为世界的和平进步，人类社会的共同理想，人与自然的协调进化，21世纪的人才应当有高尚的道德情操和兼容并包的人文胸怀。

总之，上述变化着的研究生教育的社会背景，对研究生教育的质量提出了更高的要求，从而促使研究生培养目标发生转变。

事实上，19世纪初，博雅教育目的观占据着世界高等教育的主导地位。高等学校的任务是向学生提供博雅、人文教育，对于研究生则有更高的要求。随着社会的不断发展，科学技术在国家经济增长中扮演着越来越重要的角色，这一形势要求大学进行改革。到19世纪末，以对社会和个人的实际效用为基本目标的实用主义教育目的观就成为世界高等教育的主流，出现了专业教育技术化的倾向。

进入20世纪50年代以后，科学技术的迅猛发展使得世界高等教育面临新的形势，实用主义教育目的观渐渐显露出不足，已不适应社会发展的新形势，主要表现在以下两个方面：一是科技的加速发展使得原有的学科分支越来越细、越来越专业化的同时，也使学科间的交叉综合越来越显著。二是科技进步为人类创造巨大的物质财富的同时，也使人与自然、人与社会的不和谐现象加剧。人与自然、人与社会的和谐发展有赖于高素质人才的培养，实用主义不能担负起这一职责，人文教育"复归"成为必然。高等教育的未来目的观的趋势是"科学与人文教育相融合"的目的观，以科技为基础和手段，以人的素质的提高和全面发展为目的。

可见，随着科学技术的发展，智力和知识的重要性日益突出，对人本身提出的要求也越来越高。正如哈佛大学校长陆登庭所说的："大学也应当帮助学生从事有益并令人满意的工作。然而对于一种最好的教育来说，还存在无法用美元或人民币衡量的更重要的方面，最佳教育不仅应有助于我们在专业领域内更具创造性，它还应该使我们变得更善于深思熟虑，更有追求的理想和洞察力，成为更完美、更成功的人。"

以上研究生培养目标的变化，反映了国际教育界对于研究生身心素质的全面、和谐发展的理解与把握。

（二）对学科（专业）、层次、区域结构的影响

社会经济结构必须随着科学技术与生产力的变化不断地进行调整和优化，才能促进国民经济持续不断地发展，而研究生教育结构也必须适应经济结构，随其变化而变化。研究生教育中的学科（专业）层次、区域结构的状况影响着高层次专业、技术人才的种类、数量和布局。研究生教育结构越合理，为经济部门培养和输送的高层次人才数量越多，质量越高，人才类型越齐全，就越有能力推动社会经济发展。所以研究生教育必须根据经济、科技和社会发展的合理需要来调整和优化配置学科、层次、区域结构。

1.调整学科结构

自研究生教育产生以来，发达国家都普遍重视文理学科的研究生教育，重视研究生教育的学术性。但进入20世纪特别是第二次世界大战以后，传统的人文学科、社会学科和基础理科研究生教育虽然也继续发展，但其所占比重却不断下降；相反，工程技术、医科、艺术、商业管理、新兴技术学科等学科发展较快，所占比重逐渐上升。发达国家研究生教育学科专业结构的调整，与社会产业结构调整的方向相适应，反映了产业结构调整和科学技术发展的趋势。"战后兴起的新技术革命带来了工程技术、生命科学与技术、材料科学与技术、航天科学与技术、信息科学与技术、海洋科学与技术、环境科学与技术、医学以及管理科学的迅速发展。科学技术发

展成果被迅速、广泛地应用于社会经济发展中，带来产业结构的调整，第一产业和第二产业比例下降，第三产业特别是其中以高新技术为基础的知识产业迅速发展，知识经济应运而生。产业结构的调整需要高层次人才的支撑，研究生教育科类结构的调整也就顺理成章了。"

2.调整研究生教育的层次结构

研究生教育层次结构主要分硕士、博士两个层次。研究生教育硕士、博士的比例，需要根据各国的综合实力状况和高等教育发展水平，结合社会对人才的需求结构来进行确定。以美国为例，第二次世界大战以后，美国每年授予博士学位的绝对数量有了很大的增长，而相对数量长期保持在硕士学位授予量的 1/10 左右。究其原因，在于博士教育的一个重要目标是培养各学科领域的高级研究人才，不仅如此，博士生培养和基础研究的进行基本上集中在美国高教系统的著名大学，唯有如此，才能有效地利用教育资源，确保博士教育的质量，提高博士教育的绩效。随着社会、经济、科技的发展，对研究生教育的需求不断增多，就专业硕士学位而言，美国专业学位硕士的授予量占了全部硕士学位授予量的 78%。美国授予博士学位与硕士学位之比为 1∶4。

3.调整研究生教育的区域布局结构

世界各国高等教育的发展在区域结构上都采取合理分布、相对集中的策略，呈现出适度集约的趋势。这些地区的高等学校之间相互协作，并与当地的经济、科学技术和社会发展融为一体，显示出较高的整体效益。由于高等学校的群落化，研究生教育的发展也出现了群落化。根据 2000 年卡内基教学促进基金会对美国高等教育机构的分类，博士学位授予/研究型大学共有 261 所，是美国研究生教育的主要承担者，其区域分布基本上反映了美国研究生教育的区域分布。依据拥有博士学位授予/研究型大学占全国总数的多少，各地区依次为东南地区占 21%，中东部地区占 19%，五大湖地区占 16%，远西地区占 12%，西南地区占 10%，新英格兰地区占 9%，大平原地区占 8%；岩石山脉地区占 5%。博士学位授予/研究型大学超过 10 所以上的州有 7 个，其中纽约州 23 所，加利福尼亚州 22 所，得克萨斯州 16 所，俄亥俄州 13 所，马萨诸塞州 12 所，宾夕法尼亚州 11 所，伊立诺伊州 11 所。这些州大都位于东南地区、五大湖地区，即美国都市带地区。区域经济发展促进了区域教育的发展，而区域教育的发展又反过来促进了区域经济的发展，经济与教育形成了良性的互动关系。

第三节 研究生培养的主要原则

在研究生的培养过程中应遵循以下五个主要原则。

一、强化培养标准

研究生培养目标的精英性，要求它必须强化培养标准。严格的入学标准和极低的新生录取率，体现了注重英才成就，优中选优的原则，保持了研究生教育对象的精英性。一些发达国家为了精选人才，培养科学尖子，一个共同的做法是强化培养标准，以高淘汰率保证人才培养质量。如在美国，一般淘汰率在10%~15%，著名大学如哈佛大学的淘汰率可达到30%~40%。培养标准的强化主要是通过"层层把关"的途径来实现的。

（一）淘汰与分流

研究生教育是"高度选择型的高等教育"。高等教育门槛选择的放宽，也意味着系统内部在高级学位的入口处和学位授予之间的某处，选择将必须加强，如果要识别管道中的最优秀的科研才能进行培养，并输送到最优秀的科研工作者场所，需要有更多的学生流动渠道：要有更多的学位层次和更多的学位类型，作为守门人和能力的记分员。

通过对每一级学位设置多种学位类型，利用不断淘汰和分流来挑选人才。法国的第三阶段第一年设两种文凭，其中一种是高级专业学习文凭，促使不适应高深研究的人转为学习某一专业技术，走向就业。美国的教育质量千差万别，学士学位的标准多种多样。初看起来，这似乎是体制上的弱点，但从长远来看，这恰恰表明它对美国的环境具有很有价值的适应力。社会上所要求的合格标准，并不都是学术上所力求达到的合格标准；学校所发的廉价证书，正像市场出售的廉价汽车一样，是有它的合法市场的。这种市场在任何方面都未尝损伤优秀院校的质量。相反，胸无大志的学生被那些标准较低的大学吸收去了，正好可以保证那些享有国际声誉的学府的高标准。美国硕士学位中设有学术型硕士和职业型硕士，目的也是使研究生能在分流中得到挑选，提高培养高级人才的质量。

（二）奠基于高水平的基础教育

提高基础教育水平，让研究生教育建立在良好的基础之上。如德国的博士生教育完全建立在5年左右的学术性高等教育基础之上（即只有取得学术性大学颁发的 Diplom 学位者才能进入博士阶段的学习），而学术性高等教育又建立在13年制的完全中学教育基础之上（德国还有12年制的实科中学或称职业中学，其毕业生只能进入高等专科学校），因此能进入博士生阶段学习的学生从中学时代起就接受比较严格的科学训练，素质比较高，为博士生教育奠定了基础。和德国高等教育制度中的比较渐进的制度相比，进入美国高等教育系统的这一个层次，攻读高级学位，是在完成本科生教育以后马上开始的。文科和理科各系招收的研究生，在中等教育阶段大多数上综合中学，在17岁或18岁毕业，接着在一所选择的高等学校修毕普通教育课程和一门主修学科，取得学士学位。一些学生从选择性较低的四年制学院（和可能升到四年制学院的两年制学院）挑选；在四年制学院读的课程常常导向终结性学位。研究生院是专业社会化和学科再生产的场所，而选择性乃是加强研究生院的关键作用的核心组成部分。正如黛安娜·克兰（Diana Crane）在《主要和次要大学中的科学家》中所描述的"最好的学生被最好的研究生院挑选，最好的研究生院被头等的科学家挑选给予训练，下一个世代的最有成就的科学家就来自这个经过严格挑选的群体。"

（三）在培养过程中持续坚持高标准

1.在入学资格上严格把关

许多发达国家，虽然招生没有考试，但并不意味着没有淘汰。在英国，一些著名大学如牛津大学和剑桥大学，申请读硕、读博的淘汰率很高。例如1993年剑桥大学申请进入博士学习者共有7 512人，其中只有3 260人入校就读，淘汰率高达66.9%。德国大学博士生招生虽无入学考试，但要取得博士候选人资格的条件仍然是非常严格的，要满足以下条件：候选人必须取得综合大学颁发的 Diplom 学位，应用型大学和高等专业学院颁发的 Diplom.F.H 被视为不符合资格；要有一位大学教授同意担任指导教师；要有一个拟定的研究课题，这个课题除了导师同意以外，还要得到所在系系主任的书面签名认可；课题要得到校学术委员会的书面认可。英、法等一些国家在招生中设有"面谈"，就是相当严格的面试，美、日等国的面试也日趋严格。

2.培养过程高标准

一些发达国家在研究生的培养过程中始终认为，并不是每位取得入学资格的人，都完全具备了研究生的资格。除入学考试外，还有课程学习与论文开题两个方面，存在着是否具备资格的问题。所以，在美国等发达国家，高校录取研究生时的人数总比计划招生的要多，在系统的课程学习后，期末考试成绩只占总分的一部分，强调学习过程的考查，如学生课堂的口头报告表现、研讨课和实验课的参与程度等都在成绩考查之列。美国斯坦福大学在研究生课程学习结束时，有一个综合性考试，由三个教授组成答辩委员会对学生进行面试，必须淘汰其中的1/3。而博士生的考核则更加严格。博士生完成课程学习时，还要进行一次综合性的资格考试，以检验是否够"博"，同时对论文开题报告也要进行检查，以确认其能力是否合乎博士标准。德国的博士生虽没有课程要求，但要有教学实践，在担任助教和指导本科生毕业论文等教学实践中加深理论知识。博士生的研究课题每进行完一个阶段（或完成论文的一个章节）都要在系里做一次报告，指导教师和系里的教授、学生会提出评价和意见。论文总体形成以后还要做一次总体报告，听取指导教授意见，最后形成论文初稿。这时指导教师会要求学生把论文打印装订成册，并寄送给其他大学、政府部门或专业协会的同行专家征求意见，必要时还要把同行专家请来一起讨论和交流。学生根据反馈的意见对论文做认真的补充和修改，经指导教师同意以后，提交院系考试委员会组织论文答辩。答辩委员会由9人组成，其中3人是论文评阅人，另外6人是由院系主任提名的考试委员会的委员。由于答辩前征求意见工作做得很充分，一般能通过，但是能评为"优秀"的仍然很少。

由此看来，研究生培养标准的提高与强化是一个持续确认的程序化过程。

二、坚持导师制

人才是在一种特殊环境中交流对话、熏陶的教育，必须以教师高尚的人格和学问、以及师生平等的交流对话为前提。法国著名遗传学者阿尔贝·雅卡尔提出"学校的目的在于教会每个人与他人相遇交流"。他认为,当人的大脑与他人的大脑发生联系时便会产生神奇。一旦这个神奇产生,我们就成功了。教育,重要的是通过交流对话使人充满激情、喜悦和期待,充分调动大脑内部的机能,达到事半功倍的学习效果。师生之间的交流对话,是思想观念、学术真理、情感意志、审美品质等相互影响,相互促进的过程。这一过程,不仅有情感与人格的滋养,还有思想与知识的升华,是师生双方精神生命成长的潜移默化过程。在雅斯贝尔斯看来,教育活动真正关注的是,师生主体间的交流对话,是人的潜力如何最大限度地调动起来并加以实现,是人的内部灵性与可能性如何充分生成。这种教育,就是人的灵魂的教育,而非理智知识和认识的堆集。这就要求教育者一以贯之地把握教育的本源与根基,通过人与人主体间的交流,通过接触伟人和古典文化,领会和把握人类的本真精神,避免知识的平庸和人性的丧失,让人的潜力最大限度地调动并加以发挥,即让人达到卓越,促进社会和平发展。

研究生教育作为教育的最高层次,研究生与本科生的区别不仅是在学历和学位层次上有高低,在理论基础、知识面以及能力、素质的培养等方面有更高的要求,而且两者的学习方式不同。研究生的培养方式要更多地体现因材施教的要求,格外重视其个性和特点,应强调其自学能力和独立工作能力的培养。研究生的培养采取导师制是其培养方式的基本特点之一。相对于本科教育的集体学习和班级授课而言,研究生教育对师资的要求更为严格,采取的是"导师制",即由学有专长、造诣深厚的教授、副教授或学术水平相当的学者招收为数不多的研究生,采用师生交流、沟通和互相讨论、辩难的研究式、探讨式的个别或小班教学法,以学生自主探索为主的方式进行研究生教育,通过这种方式,学生可以更好地向导师学习问题探究的方法和解决问题的创新思维与研究方式,而导师也易于集中精力和时间指导学生,更好地保证学生的创新精神和研究能力的开发与运用。这不仅需要数量足够的导师队伍,而且要求导师具有较高水平、较为充裕的指导时间。

研究生导师是研究生培养过程中的主要参与者,在一定意义上又是一个重要的组织者。研究生与导师的关系应该是:学生"和"老师工作,而不是"为"老师工作。科学前沿有很大的不确定性,如果老师和学生能经常互相刺激，那将营造一个非常好的气氛，在精神上是一个很高兴的过程。正如一位化学诺贝尔奖获得者所描述的："彼此的关系是：看看他们怎样活动，怎样思考，怎样对待事物。（不是指具体的知识？）完全不是。我想，这是学习一种思考方式。肯定不是学习具体的知识；至少在劳伦斯的例子中是如此。经常有一些比他懂得更多的人在他的周围。不是为了学习具体的知识而是为了学习那种真正能够解决问题的工作方法。"另一位生物化学家汉斯·克雷布斯回顾说："如果扪心自问，我怎么会有朝一日来到斯德哥尔摩的，我毫不怀疑我之所以有这个幸运的机会，得归功于我在科学生活的关键阶段里有过一位杰出的老师奥托·沃帕格树立了一个第一流研究的方法和质量的榜样。如果没有他的话，我可以肯定，我永远不会达到作为诺贝尔奖委员会考虑的前提的那种标准。"达到这种高度的标准来源于三种相互促进的方式：导师本身的成就为研究生提供了学习的榜样；导师在跟他们工作时从研究生身上诱发了杰出的成就；导师是他们科学工作的严格批评者。

因此，强调并努力发挥导师的主导作用是完全必要的。然而，现代科学技术发展的综合化趋势的加强，也必然要求尽可能在研究生培养过程中发挥学术集体的作用。

导师指导小组是指一个参与对学生指导的导师群体，它有以下明显的优点：①有利于开拓研究生的学术视野，因为指导小组的各个成员都有自己的专业领域、分析思路、研究方法和治学风格。导师指导小组的集体参与指导，使研究生可以受到多方面的训练和启迪，从而有可能博采众长。②有利于研究生对各学科之间的相互关系以及学术研究的前沿状况的了解和审视，从而有可能超越相对狭窄的一科、一师的局限，形成较为开阔、全面、并具有潜质的分析思路和治学风格。③可以避免导师个人由于这样或那样的原因而不能对学生给予经常性的指导，使培养工作顺利进行下去。一些导师说，成立研究生指导小组对开阔研究生的学术视野，避开门户之见起到了积极作用。

充分发挥导师指导和指导小组的作用是各国的重要经验。美国在研究生指导上，有比较好的个人（指导教师）与集体（指导委员会）相结合的培养方式，研究生（尤其是博士生）入学后，不仅要确定一名指导教师，而且要成立一个指导委员会（由 3~5 名具有不同专长的教授组成，组长为指导教师），每位研究生的学习计划（所修课程和论文）由指导教师与研究生讨论后提出，并接受指导委员会教师的询问和咨询。委员会的教师都很乐意接待前来咨询的学生，并把这看作是一种荣誉。指导委员会平时还检查学生学习计划的完成情况、组织考试和负责最后的论文答辩，并决定是否推荐授予学位等。集体指导的好处是有利于学生开阔眼界，易于拓宽知识面。另外，研究生入学要经过一段时间的师生接触才确定指导教师，以利于因材施教，并且规定研究生在论文工作正式开始以前，都可以提出更换导师，这显示美国研究生培养方法的灵活性。

三、突出科研能力培养

研究生教育应把培养科研能力放在首位，这是研究生教育成功的关键，所有一切活动都应围绕着培养科研能力来进行。德、美等一些发达国家非常强调科研在研究生培养中的作用，在他们看来，不能从事科研或不通过科研培养研究生是不可想象的。美国开设各种研究生课程，其目的也是为了更好地发展科研能力。美国本科生教育质量历来不尽如人意，素有"德国大学教育的起点就是美国大学教育的终点"的说法，把美国大学等同于德国的中学，指的就是本科教育。美国高等教育今天在世界上能享有很高的声誉，关键是靠研究生教育赢来的，而研究生教育质量高的关键又是研究生具有较强的科研能力。美国霍普金斯大学创办研究生院推进了美国研究生教育的发展，也奠定了以培养科研能力为主的教育基调，造就了美国整整一个世纪的风流。这既是德国培养研究生科研能力方针的继续发展，也为世界研究生教育所借鉴。

曾任英国科学院、美国文理学院和丹麦皇家科学院院士的著名学者约翰·帕斯莫尔强调研究生教育的目的就是为了培养进行科学研究的能力，科学行政教授 A.斯克进一步指出，研究生教育是未来与现实的联结点，为此，能力比别的东西更重要。研究生教育的最终目的不是要学生掌握所有的知识，而是提高学生对追求人类学术真理的兴趣，以使他们能做出最大的贡献。这就要求青年人对社会的变化有批判的思维能力。青年人也应有想象力，但必然是对社会有益的而绝不应是漫无边际的或一时的感情冲动。这样，智力的培养就能使研究生能为了社会的需要，从一个领域转向另一个领域，甚至改变专业，以此来发展国家的生产和建设。

科研活动的性质和类型，以及研究生参与科研活动的方式和程度，是影响科研活动的创新教育价值的主要因素。在培养研究生科研能力方面，各国的做法不尽相同，德国、法国基本上是让研究生直接参与科研工作，不予授课，突出科研成果水平，并对科研能力定出种种指标，尤其对学位论文更是百般挑剔。美国采取更广泛的做法，如学习必要课程，举办"研讨班"，写文章、参加或组织科研活动和报告会等，强调通过多种形式来培养具有多方面科研能力的人。日本也很重视科研能力的培养，如对博士的要求是通过独创性研究开辟新的领域，在专攻领域中具有独立从事科研所必需的高度研究能力和渊博的基础知识，有丰硕的成果和指导专业研究的能力等，并把整个教育过程分前期硕士培养和后期博士培养两大阶段，但由于日本学校注重考试，不重视科研能力的培养，因此，在通过论文答辩获得学位时对科研能力的要求就显得几近苛刻，致使相当一部分学生无法获得学位。英国对培养研究生的科研能力也有很高要求，如伦敦大学规定，博士论文必须有新发现或独特见解，表明对某学科有卓越的贡献并能充分证明具有独创性，以及表现出高水平的科研能力。

培养科研能力最重要的经验是：一是培养独立思考、大胆探索精神和质疑精神，鼓励学生勇于探索，敢发前人不敢发之想，做前人不敢做之事；二是培养丰富的想象力，对所从事的专业有浓厚的兴趣和献身科学的精神；三是善于给研究生加担子，大胆地把他们推向科学前沿；四是培养与科研结合，导师指导与个人努力相结合；五是尽量减少各种框框的约束，在允许范围内让其放手去做，任其突发奇想。

四、保障学术自由

研究生的培养，需要各种活动的普遍融合，特别需要教学与研究的紧密结合。总体上说，本科教育只能做到研究与教和学的偶尔结合，研究生教育应力图使研究与教和学紧密地结合在一起。研究生的教学和科研活动本质上都是学术活动，而学术活动充分展开的前提无疑又是学术自由。

研究生教育制度的精髓是学术自由的原则，即一个真正的从事研究生教育的机构首先是"自由的科学研究的工作场所"。学术自由有两层含义，一是教学自由，二是学习自由。教学自由意味着大学教师的职位是有保障的；他可以自由讲授自己坚信是真理的知识；在研究过程中和发表其成果时，有调查研究任何问题的自由，教会、政府、党派以及陈旧的传统，都不能干预他的研究和教学。学习自由意味着学生可以自由地选择他们学习的课程，他们有听课的自由，他们甚至可以从一所大学转入另一所大学。由此观之，学术自由是指大学与其他学术机构中的学术人员——教学人员、科研人员、学生与学者——在进行学术活动时，最低程度地接受来自外部的强制。确定学术自由的目的是保证学者们不受限制去探讨、发现、表达并教导他们在各自专业领域内所看到的真理。学术人员在享受这种自由时忠实于他们自己的探究，不依外在政治的、哲学的、宗教的或认识论的意见或信念，尽管他们自己的意见或信念有可能就是这些领域的引导者。学术自由是学术形成与发展的必要条件。诚如哈耶克在《自由秩序原理》一书中所说："致力于拓宽知识范围方面的教学和研究——之所以仍然有可能继续成为产生新知识的主要源泉，其原因在于只有这类研究机构才能提供选择研究问题的自由，才能为不同学科的代表人物提供沟通和交流的条件——而正是这些方面的保障为认识和探究新观念提供了最优越的条件。""自由只有被用来进行创造时才具有意义，否则就只不过是没有被动用过的可能性。"美国加州大学伯克利分校物理系人才济济，英才辈出，诞生过七位诺贝尔奖获得者。有人问其奥秘，系主任回答："物理系教授和学生则是：做自己想做的事，不做别人让你做的事。我们并不做实用的，而是长期从事纯科学纯理论的研究。"

  坚持学术自由，既为发挥个性，培养学生创造力、想象力和质疑精神及提高科研能力创造了条件，也为繁荣学术、促进科学兴旺奠定了基础。德国洪堡首先提出这一思想，对解放被宗教禁锢的学术界起了历史性的作用。它打破了当时固定的学科学习，允许有能力的教授在教学中自由选择采用不同的授课方法，自由发表自己的见解，允许学生自由安排自己的时间，选择课程、听课及参加考试，并可转到其他系、其他大学中去，以寻找更适合的教师和环境，从而促使一部分有志于科研的人大胆地献身科学，开发自己的才能和创造力，也促使有能力的教师开设自己的实验室，招收自己的学生，并形成了以自由探讨为主的研究型学习方法——习明纳实验室操作和学术研讨，在教师和学生的自由探索研讨中把学习和科研结合起来。学术自由使德国研究生教育乃至整个高等教育脱颖而出，培养了大批人才。美国曾经借鉴了德国的模式,继承了许多有益的东西,但最重要的乃是学术自由这一重要思想,这点同美国注重民主和个性发展的文化传统很合拍,并在美国特定文化背景中得到很大的发展和运用,不仅改造了德国囿于单个导师实验室的缺陷,而且在研究生培养上实现了真正的教学与科研相结合,实现了新的学术自由。美国教授协会(American Association of University Professors)成立后始终坚持学术自由对于发展教学和科研的重要性。他们认为科研自由是探索真理的基本前提,教学自由是保护教师教和学生学的自由权利的基础。在它的推动下,学术自由成为美国大学观念的组成部分,从而使它们在美国大学体系中取得了永久性的地位。教师鼓励学生超过自己,鼓励学生在学术上大胆向权威挑战,允许学生根据自己的特点选课,决定论文选题,发表自己的见解,在学习中专门划出一定独立工作的时间,让学生自由发展,学生还可以自己制定单独的学术计划并千方百计努力发挥学生的创造力。各研究生院还组织各种学术讨论会、演讲会,提供各种自由发表观点、自由辩论的场所和机会。例如,哈佛大学文理研究生院允许学生入学时申请两个学科项目,如兴趣变化就转换科目,除规定课程外,学生可自由在校内外选课,实验室操作完成后,学生可自由选择一个课题和实验室以及导师,还可对资格考试委员会提出必要的建议。培养中特别注重启发教育,注重培养学生思考分析和解决问题的能力,尤其是独创性。美国人认为,学术自由是首要的,没有学术自由就没有科学,也就不会有真正的研究生教育。

一些发达国家研究生教育实践表明,充分享受学术自由的研究生教育,发展就快,质量就好,研究生科研水平就高,创造性就强,反之则不然。日本由于强调考试,尤其传统习规中尊上奉古,注重恭顺不违的民族文化特点,无形中造成研究生教育的约束性特征,研究生顺从导师,依赖性强,缺乏创新性,只是一种模仿型人才,因而在重大研究方面,日本很少有贡献。法国研究生教育尽管几次试图改革,但集权制的大一统教育观念根深蒂固,尤其崇尚名利的读书取向没有彻底消除,加上严格的考试和无情的筛选,因此潜在地抑制了人的发展和创造性,特别是过早地分流也影响了相当多学生健康发展,所以法国研究生教育仅有名义上的自由而学术上并未获得实质上的自由,它并没有直接引起经济上的相应改进,创造力相对差些。

根据发达国家的经验,学术自由最重要的特征是:首先,研究生教育必须在学术上倡导真实、平等、实事求是的精神，敢想敢干；其次，坚持学术上的百家争鸣，允许有各种不同意见，坚决把学术探讨与政治界限分开；再次，在学术上坚持科学精神，颂扬严肃、严格、敢于向权威挑战的进取意识；最后，建立一套保持学术自由的学习方式，如习明纳研讨学习方法，允许个人发表意见，师生相互讨论问题，实验室操作及专题演讲都给学生独立工作和系统阐述有关观点的机会，还有自由选题及自由选导师等都有利于倡导和保护学术自由。

可以说，学术自由是科学的生命，是直接促进现代发达国家研究生教育发展的重要机制，它保证了人才的成长和科学的发达，是一项不容忽视的原则和衡量研究生教育的重要指标。忽视了它，不可能提高研究生教育质量。

在培养过程中，应牢固树立"以研究生为中心"的核心理念与价值观，对研究生不能管得太死，应充分考虑研究生的个体特征，给他们以足够的个性发展空间，给其创造宽松的环境，以保障学术的自由。这是培养创新性人才的前提。贝雷迪说："从强制学习中，不可能自觉地产生创作的想象力、实验的求知热情及不断进步的推动力。"同理，强制科研，也不能很好地促进学生提高科研素养，取得创造性成果。要有一个鼓励优秀研究生脱颖而出的机制，要创造良好的环境和文化氛围，鼓励研究生标新立异，使他们能够在学术领域自由地、无拘束地思考。要尊重研究生的学习自由。学术自由对学生而言就是拥有学习自由，如前所述，研究生的学习自由是由研究生教育的本质特征和研究生的身心特点决定的。研究生的学习是研究性学习，是对高深学问的探讨，因而他们的学习自由成为学术自由的重要组成部分。没有学习自由就不会有真正意义的学术自由，重视学习自由，才能推动学术的繁荣。学习自由是个性创新的重要源泉，是对学生主体性的充分尊重；没有学习自由，学生学习的自主性、独特性、能动性和创造性就不可能体现出来，也无法造就具有创新能力、独特个性和高度责任感的人才。当然，无限度的学习自由会造成严重弊端，但忽视学习自由对人才成长更为不利。创新能力、判断和选择能力、批判精神、责任感以及独立人格等新世纪人才必备的素质的培养，只有通过较为充分和广泛的学习自由才能培养出来。要正确对待并注重研究生的个性发展。从某种意义上来说，缺乏个性的人也就缺乏创新精神，因此，要创造能让人脱颖而出的舆论环境和文化氛围，摒弃一些不合理的评价标准；要创造宽松的学术环境，保护研究生的创新意识。

五、促进理论与实践相结合

研究生教育不但要重视课程学习和科学训练，而且还要培养研究生理论联系实际和解决实际问题的能力。在研究生培养中，要坚持把理论学习和实践结合起来，把学和做结合起来，既学课程，钻研理论，又进行课题研究、实践设计和具体学习，把理论应用于科研实践之中，通过实践加深理论的学习。实践证明，凡是在研究生教育中坚持这一原则的，研究生教育成效就大，毕业生质量就高，科研水平就高，就能较好地顺应新时代科技发展的要求。

许多国家的研究生教育专家指出，现代培养研究生同以往早期培养研究生的要求已有了根本的区别，主要表现为：早期的研究生培养强调对一门专业有一定的造诣，现代研究生培养却要求除在某一门专业上有深入的研究外，还要在相关的数种专业上有一定的修养，既专又博；早期的研究生培养只要求在技能上熟练，现代研究生培养却要求必须有较强的科研能力和对研究方法的深刻掌握，有深厚扎实的理论基础知识和转换技能；现代研究生的知识深度将更大，尤其随着科学的发展，对基础理论要求将更多更高，这也是以往研究生所不能比拟的；现代研究生还必须具有更好的道德规范和有关人类发展问题的清晰立场，必须具有献身科学的决心、较强的科学组织能力和交往意识，才能完成学业，担负起科研的重任。

对研究生要求的提高，使早期德国那种仅在某一教授实验室中从事某一课题研究的培养方式显得陈旧落后，要求培养研究生科研能力的概念已从单纯实验室研究转到理论学习与实验研究相结合上来，强调理论学习并对此提出更高的要求，尤其注重跨学科的基础理论学习，因为借助理论学习，才能更好地吸收日新月异的科学成就，把握科研发展的总趋势。不仅美、日、英现在对博士生有课程学习的规定，德、法等国也以一定的形式要求学生学习一定的课程，把理论水平作为研究生质量的一个重要标志。许多研究表明，研究生的理论水平同他们在科研活动中的成绩是成正比的，理论学习促进科研活动，而科研活动也从另一方面加强了理论学习。

为此，世界主要国家在研究生阶段普遍加强了实验、实习等实践教学环节，同时也普遍采用了让研究生担任助研或助教工作的做法，使他们在对本科生进行辅导、答疑、批改作业的过程中促进对理论和实践问题的认识；使他们在做导师的科研助手、指导本科生写论文和进行设计辅导时，锻炼自己的科研能力和批判思维能力。值得关注的是，随着教学科研生产型培养模式的兴起，各国通过"合作教育计划"让研究生到企业直接参加生产活动，对提高研究生教育质量也发挥了重要作用。

第三章 中国的研究生培养模式

第一节 中国的研究生招生制度

中国研究生招生程序是：满足报考条件的学生，进行入学考试报名，考试成绩合格者经报考院校导师面试合格方可收到录取通知书，而且按照考试成绩与个人情况，分为公费生、自费生和委培生。然后按照各院校的要求提交相关档案材料。在中国，硕士、博士的招生过程有很多不同之处。

一、硕士招生

硕士报考者为大学本科毕业或者具有同等学力者，研究生招生简章规定报考学生年龄一般不超过40周岁。硕士招生每年一次，实行全国统一报名、统一考试，时间为每年一月。①初试：硕士报考学生需要通过全国统一的研究生入学考试。中国的硕士研究生入学初试较为严格，入学考试的外语、政治、数学试卷由教育部统一组织命题，专业科目考试则由各招生高校自主命题。一般来说，都是与报考专业和以后的研究密切相关的一些基础测试。从2007年起，教育学、心理学和历史学等三个一级学科各设置一门统一命题科目；医学门类设立西医综合和中医综合分别统一命题。②复试：通常采取笔试和口试两种形式进行。主要是考察学生的学科背景、专业素质、操作技能、外语口语水平、思维能力等。③提交材料：硕士专业入学者需要按照各院校的要求提交学位、学历证书、大学成绩单复印件和学校推荐信等相关档案材料。

二、博士招生

博士招生通常为每年一次，考试时间由各院校自主决定，一般在每年3月（也有个别院校可以招收两次）。①初试：博士入学考试相对硕士来说比较自主，它没有统一的国家考试，而是各个院校自行组织入学考试，考试时间、科目和范围都是由不同院校不同专业自主决定。录取分数按照报考人数和招生名额的情况自主划线，但是英语成绩也是有一定的限制。②复试：博士专业报考人在复试时需要做专题报告，报告内容包括个人科研经历和成果介绍及对将来从事的研究领域的了解和看法等。③提交材料：博士专业入学者需要按照各院校的要求提交学位、学历证书的复印件、硕士课程成绩单的原件或复印件、硕士学位论文、公开发表的学术论文、所获专利及其他研究成果证明书、两位与所报考学科相关的副教授以上职称专家的推荐信、个人学习和工作经历、经验、能力的陈述和证明。

第二节　中国的研究生培养目标

我国研究生教育的目标主要是培养学术型人才。1981年施行的《中华人民共和国学位条例》对于学位的认识侧重于学术标准，培养要求是针对从事科学研究工作或专门技术工作，培养目标基本是教学和科研人员。而社会发展对高级人才的需求不只是科学家、大学教师，更需要大量的高级工程技术人员、高级管理人员等应用型人才；而且，随着研究生教育规模的扩大，研究生的就业范围越来越宽，不仅限于高校和科研院所。20世纪90年代以后，以培养高层次应用型、实践型人才为主要目标的专业学位从无到有逐渐发展起来。《中华人民共和国高等教育法》第十六条明确规定研究生培养目标是："硕士研究生教育应当使学生掌握本学科坚实的基础理论、系统的专业知识，掌握相应的技能、方法和相关知识，具有从事本专业实际工作和科学研究工作的能力。博士研究生教育应当使学生掌握本学科坚实宽广的基础理论、系统深入的专业知识、相应的技能和方法，具有独立从事本学科创造性科学研究工作和实际工作的能力，在科学或专门技术上做出创造性成果。"

但在具体实施时，对学位申请者主要偏重于对其基础理论和科学研究能力的考察。这事实上反映了学术性学位类型研究生的培养目标。在20世纪80年代中期，随着我国研究生教育的发展，教学科研型人才逐步得到满足，一些实际部门对应用型高层次人才的需求却日益高涨，而现有的学术性学位研究生无法满足社会需要，于是20世纪90年代开始设立专业性学位，到2006年全国共设置了12种专业硕士学位和3种专业博士学位。专业性学位研究生培养目标在于，不仅要有宽广的知识面，而且更强调要有独立担负专门技术工作的能力。

第三节 中国的研究生培养过程

一、中国的研究生指导方式：中国的导师制度

中国的研究生培养实行的是导师全面负责制。研究生在入学时，按照师生的双向选择来确定指导教授。研究生培养计划的制定、研究活动的安排、论文的指导工作主要是由指导教授个人负责。近几年，在某些大学或者某些专业，例如上海师范大学教育经济管理系也采取了指导教授与集体培养相结合的指导小组制，但实际上具体的研究生培养工作还是由指导教授负责。我国的导师不仅在学术上指导学生，在生活和思想上对学生也有较大影响。不过，主要还是对学生进行学术指导，根据学生的研究方向给学生的选课提出建议，对学生学位论文进行指引和把关。

二、学制与学分

按照《高等教育法》第十七条的规定，我国对于学制的规定是硕士研究生教育的基本修业年限为2～3年，博士研究生教育的基本修业年限为3～4年。目前研究生教育与国际接轨，正处在不断的改革进程中，硕士生学制缩短已成趋势，很多大学开始实行2.5年或者2年制。其中课程学习一年，研究则需要1~2年。对学分的规定，每个大学，甚至每个专业是不一样的，硕士一般要33个左右学分，博士需要15~18个学分不等。我国的博士生多经过硕士阶段学习或取得过同等学力，硕士阶段学习时间相对较

长，所以博士学习时间要相对短一些。近年来，我国对博士生教育的重视日益增强，对博士生的研究能力、创新能力等要求更高，所以在博士生学制上引入了弹性学制，相对更为灵活。弹性学制对提高博士生质量具有一定的促进作用。

三、课程设置与教学方式

我国的研究生教育模式较多地借鉴美国模式，但也存在一定差异。课程学习应该是"学有所用，学有所重"。学有所用是说学了要能用得上，能理论联系实际，灵活运用所学的知识解决实际问题。学有所重是说学习要有重点，学而求精，而不是什么都学。就每个人的精力来说，什么都学是不现实的。尽管现在提出博士生要知识广博，但这种广博并非没有重点。博士生要"博有所专、博有所重"。近几年，由于我国在狠抓研究生教育质量时过多地把目光放在了研究生学位论文上，使得许多学校对研究生课程学习及其他方面有所放松，尤其是博士生。应该说，这种单纯地重视结果的方法并不是提高研究生教育质量的根本之道。要么采取德国的方式，博士以前的学习阶段重视课程，博士阶段重视抓科研，或者采取美国的课程与科研并重的办法，不能将整个研究生阶段都以科研为主。在我国本科教育并不发达的情况下，研究生教育单纯搞科研显然是不可取的。

根据《中华人民共和国学位条例暂行实施办法》规定，我国的硕士学位的课程设置要求是：①马克思主义理论课，要求掌握马克思主义的基本理论；②基础理论课和专业课，一般为三至四门，要求掌握坚实的基础理论和系统的专门知识；③一门外国语，要求比较熟练地阅读本专业的外文资料。

博士学位的课程要求：①马克思主义理论课，要求较好地掌握马克思主义的基本理论；②基础理论课和专业课，要求掌握坚实宽广的基础理论和系统深入的专门知识；③两门外国语，第一外国语要求熟练地阅读本专业的外文资料，并具有一定写作能力；第二外国语要求有阅读本专业的外文资料的初步能力。这些要求在后来略有调整。

根据《关于加强和改进研究生培养工作的几点意见》（教研〔2000〕1号），硕士生课程设置要在本科教育的基础上，充分体现研究生层次的特点。课程体系要有足够的宽广度和纵深度，并具有前沿性和前瞻性。博士生课程应结合博士生的研究领域和所需知识结构,以及提高创新能力的需要来确定。直博生的课程应贯通设置。研究生外国语课程应着重提高研究生的外语应用能力。博士生外国语设置与否及其考核方式由培养单位自行确定。中国研究生课程的设置还是有很大的计划性。课程修习多是传统的"灌输式",即教师教,学生学。这种方法缺乏活力,而且与激发研究生的科学研究能力的目的脱节。

四、学位与论文

我国学位是三级制:博士、硕士、学士。在三级学位体制中,20世纪80年代、90年代,研究生教育的重心始终放在硕士研究生阶段教育。我国学位条例中对硕士有较强的要求:一是要求有坚实的理论基础和系统的专业知识;二是有独立进行科研的能力,科研上应该有所创新。

我国学位教育分为两种类型:学术型学位和专业学位。

在学术型学位方面,我国有学科专业目录对其进行指导。现在,专业目录共有12个学科门类,89个一级学科,300多个二级学科。世界各国的学科专业目录大致有三种类型:指令性的、指导性的、统计性的。指令性的是刚性的,不可更改;指导性的具有相当的柔性,如一级学科内,学校可自主设置二级学科;统计性的是根据各学校设置的学科进行统计分析,来确定学科目录,各学科充分发展后,根据不同时期热点进行调节,一般热门的学科统计出来的就多,冷门的学科统计出来的就少。我们目前学科还处于动态发展中,所以主要是指令性的,但也有一些指导性的目录。现在,教育部正在启动新一轮的专业目录的制定,以末端柔化、国际接轨为指导思想,使二级学科的设置柔性化,更好地适合各学位授权单位的特点。

在专业学位方面,我国目前有16种,如工程硕士、MBA等。每一个专业学位都有一个指导委员会,它体现了学术权力和行政权力的一种融合。在第21届国务院学位委员会上,新增加了艺术硕士、体育硕士、风景园林硕士3个专业学位。

在我国,研究生都必须提交学位论文,并通过答辩才有获取学位资格。硕士生和博士生的论文只是在研究深度上有差别。《中华人民共和国学位条例暂行实施办法》第八条和第十三条分别对两种论文做出规定。要求硕士学位论文应当有新的见解,表明作者具有从事科学研究工作或独立担负专门技术工作的能力;博士学位论文应当表明作者具有独立从事科学研究工作的能力,并在科学或专门技术上做出创造性成果。我国对博士论文一直都较重视,要求论文有创新性,研究成果要在国内外重要刊物上发表。近几年开展的全国优秀博士学位论文评选活动对提高我国博士教育质量起到重要的促进作用。

第四节 中国的研究生培养模式存在的问题

随着社会的发展与进步,特别是随着研究生规模迅速扩大和社会对高级专门人才需求的多样化,我国现有的研究生培养模式明显与之不相适应,出现了严重的缺陷,在研究生培养工作中也不可避免地带来了一些不容忽视的问题。具体反映在以下几个方面。

一、培养目标与社会发展的需求相脱节

1978年,我国开始恢复研究生招生,由于当时高校教师和科研人员严重匮乏,研究生教育确定为培养教学型和科研型的高级人才,对研究生培养的认识侧重于学术标准,"从事高深的科学理论研究"是硕士研究生的培养目标,培养模式和标准较为单一。但在当前,随着高等教育大众化和世界经济一体化的发展,社会对高层次专门人才的需求日趋多样化,研究生培养模式仍处于相对单一化状态已成为研究生培养面临的突出问题。尤其是目前各高校自定招生的形势下,虽然招生人数大幅度增加,但还未从根本上改变研究生的层次与类别结构,对应用型研究生的培养仍沿用传统学术型研究生的教育模式;一些重点高校虽然缩短了硕士生培养年限,但在总体上,硕士生培养要求仍然与传统要求一样,并未冲破传统的硕、博分段式培养,仍未从整体连贯性角度对不同类型的研究生培养目标做出划分和规定,导致研究生培养标准与模式模糊。无论是学术型研究生,还是应用型研究生培养,都坚持传统的学术型培养模式,这造成研究生培养目标与社会需求相脱节。

二、招生与学制过于统一

长期以来，我国研究生培养无一整套严格的考试制度，研究生的培养设置形式上的"严入"，实行"大统一"的考试选拔，统一的考试试题形式，统一的考试时间，统一划定录取分数线，这样往往将一些有高度创造性，但不一定获得高分的生源拒之门外。这种死板的招生方式，很难培养出当今社会所需要的大批高素质的创新人才。众所周知，任何考试的考试成绩都无法与应试者的真实水平——对应，那些靠死啃书本、死记硬背考取高分的考生，并非全是最优秀的，而具有较强分析问题和解决问题并具有创新能力的考生，不一定都能考得高分。这就使绝大部分招生单位，可能会失去一些低分但具有创新潜能的考生。

从学制上来说，我国也过于强调统一性，没有区分硕士生与博士生的培养年限应有所不同，统一定为 3 年，尽管有些高校将硕士生培养改为 2 年或 2.5 年，但是也是处于实践阶段，培养出来的研究生的质量有待商榷；也没有区分学术型与应用型研究生的学制应有所差异，灵活设置，因而造成了对博士生的培养不足，应用型硕士培养年限又过长。目前，虽然部分高校认识到这个问题，已开始缩短硕士生的培养年限，但弹性化的力度不够，仍无法满足研究生的个性化要求。

三、课程设置与人才培养要求不相适应

课程设置与人才培养要求不适应主要体现在以下方面。首先，硕士研究生课程普遍偏多，"因人设课"的现象依然存在，开设了许多不必要的课程，而且课程内容陈旧、知识面窄、课程体系不科学、教学方式单调、教学手段落后等现象，严重忽视了现代经济发展的迫切需求，不考虑社会和生产的实际需要，对应用学科、新兴学科、交叉学科重视不够。其次，部分专业课程设置跟不上时代发展的需要，课程内容不能体现学科领域内的一些最新知识和科研成果，课程体系刚性有余，弹性不足。具体表现为：一方面，必修课在课程体系中所占的比重远远高于选修课，可供学生自由选修的余地很小；另一方面，一个专业只有一种培养方案，所开设的课程也完全一致，学生没有选择培养方案或自主设计个性化培养方案的权利，这种"一刀切""齐步走"的培养方案不利于学生多样化的发展。再次，基

础科学研究生教育的科学研究与实验训练课结合不够紧密,人文社会科学的研究生培养忽视社会实践和社会调查,工程技术类及应用性较强学科的研究生缺乏实际工作能力和社会实践能力的训练课。

四、科研训练不足

对硕士研究生的培养,不仅要让其经过坚实的基础理论与系统专门知识的学习,更重要的是让其直接参与科学研究,提高科研意识和科研能力。科学研究在硕士研究生的培养中很重要,没有高水平的科学研究是培养不出高水平的硕士研究生的。可目前硕士研究生的科研训练明显不足,体现在以下几个方面:首先,研究生导师缺乏稳定的研究方向,学生参与导师的科研项目也基本上按导师的设计方案去操作,难以发挥自己的个性,创新性不强,达不到良好的训练效果;其次,研究经费不够、实验条件差、时间不够等也是导致硕士研究生参与科研训练不足的原因;再次,由于我国研究生教育观念陈旧、思想封闭、专业限制和资金有限等,导致只有少数高校才能实现教研产一体化和科研的国际化;最后,硕士研究生本人不努力,做研究浮躁,缺乏艰苦钻研的精神,也是导致科研训练不足的因素。

五、导师指导仍拘泥于传统的"学徒式"

我国硕士研究生教育从产生之日起就借鉴德、日的"学徒式"模式,至今已延续了一个多世纪。当然,它的优点是显而易见的:研究生从入学到毕业的各个环节,都能得到导师亲自指导。但随着社会的发展,这种模式培养出来的人才越来越不适合社会的发展需要。当今社会与科学发展需要的是创新性高层次人才,创新成果往往产生在多学科的交叉结合点上,而"学徒式"模式培养出来的人才多数只精通一个学科,知识面、思维方式无疑会受到限制,这种模式培养出来的学生往往缺乏进行跨学科和交叉学科的研究能力,缺乏团体协作的精神,难以培养出综合、交叉学科上的人才。所以师傅带徒弟的"作坊式"研究生培养模式远远不能满足社会对高级专门人才的需求。近几年虽然我国一些高校对此问题进行了探索,也成立了不同类型的研究生培养指导小组,但从落实的情况看,"学术门户"

现象仍比较严重，研究生培养仍停留在"学徒式"式的师徒相传、各自为政的封闭框架中。

六、质量培养考核体系欠合理

纵观我国研究生教育，虽然在形式与规则上和国外普通大学相差不大，但与国外一流大学相比，差距突出，最大的差距在于我国研究生质量培养考核体系欠合理。从我国研究生教育质量评价情况看，虽然各培养单位普遍建立有较完善的评价制度，但在评价目标、方法及标准上，未能突出不同高校以及不同学科的特色。其一，评价指标单一，基本是以书本知识为核心，注重学术水准，忽视对解决实际问题能力的综合考查，对应用性要求不够。而现实社会职业的多元化，需求的多元化，反映在研究生培养上，要求个性化发展，要求培养多规格、多类型的研究生，不仅要培养"学术型"人才，也需培养"复合型""应用性"人才。其二，对科研素质的评价注重形式不注重内容。如在硕士研究生评价体系中的中期考核中规定：硕士生要在省级以上刊物发表两篇以上的学术论文，达不到这一要求，就不能毕业。这种仅从研究生发表的文章数量上去评判研究生的科研能力高低的做法，显然不合理、不科学。尽管许多高校都认识到了此举的欠缺，也相应地采取了一系列措施，如有个别学校在专业学位论文答辩时，不要求有论文的发表，可以用"专题研究""科技发明成果""案例分析""项目策划书"等形式替代，但从总体上，还没有真正形成不同类型研究生各具特色而又科学合理的质量培养考核体系。

七、教学模式简单划一，不重视学生自主创新性学习

在教学观点上，不是以人为本，而是以知识为本。学校主要立足于向学生灌输一定的知识量，如从专业的特点出发，开设数十门课程全是必修课，而没有考虑到学生是否需要；在教学过程中，以传授现存知识为主，忽视了引导学生探求新的知识，忽视对学生进行创新教育；在教学方法上，研究生教学方式与本科教学趋于雷同，以教师为中心，教师当演员，学生当观众，注入式、满堂灌充塞课堂。没有充分调动学生的学习主动性，没有激发学生自主学习的积极性，压抑了学生个性发展和创新能力的发挥。此外，从整体上看，研究生教学手段落后，教学形式单一，教学内容更新

缓慢，实验教学投入不足，实验课无法满足学生需要，学生动手机会少。

学生自主创新性学习能力相对较弱。目前我国高校研究生培养比较注重导师在专业学科领域内对学生的知识传授、专业教育和研究指导作用，而对学生自主性学习、研究和工作等方面的能力培养则缺少手段，学生自主创新性学习的能力没有有效地放大。

第四章 研究生教育德育功能

第一节 研究生德育及其特殊性

一、概念界定

为更好地对我国高校研究生德育教育展开分析研究,首先必须要准确地把握三个关键性的概念:什么是"道德教育"?什么是"研究生德育"?什么是"德育途径"?对这些概念的正确理解和科学界定,是进行深入研究的前提和基础。

(一)道德教育

在当代中国,道德是由一定的社会经济关系决定的,是依靠社会舆论、传统习俗和人们的内心信念来维持的,表现为善恶对立的心理意识、原则规范和行为活动的总和。如今人们对"道德教育"的理解有广义和狭义之分。

广义上的道德教育包括政治教育、思想教育、品德教育和心理品质教育,是教育者根据社会要求和受教育者品德形成的规律,为使其具有一定的思想观点、政治立场和道德品质而进行的有目的、有计划、有组织的教育活动。这一概念在我国简称为德育,即教育者按照一定的社会和阶级的要求,有目的、有计划、有组织地对受教育者施加系统的影响,把一定的社会思想和道德转化为个体的思想意识和道德品质的教育。因而在我国,广义的道德教育是对学生进行政治教育、思想教育、品德教育和心理品质教育的总称。政治教育主要是指对学生进行政治立场、政治方向、政治态度的教育；思想教育主要指对学生进行思想意识教育，即人生观、世界观、价值观方面的教育；品德教育主要指对学生进行的道德行为、道德规范的教育；心理品质教育主要指对学生进行的心理素质教育。

狭义上的道德教育，通常认为，就是一种价值观。"道"就是人们的行为应该遵循的普遍原则，"德"则是德行，是这个"道"在人们生活中的实际体现。而道德教育就是要透过启发性的思想，去培养人们树立正确清晰的道德，道德是诉诸社会舆论和个人良心维持的调节人们相互关系的行为规范的总和。它旨在使人们的行为合乎通行的道德规范，并形成品德。

（二）研究生德育

研究生德育就是指高校依据一定的道德原则、规范和目标，有组织、有计划地对高校硕士、博士研究生这一群体施加系统影响，帮助研究生培养良好的道德品质、道德人格、道德行为能力的教育实践活动。它包括提高研究生的道德认识，陶冶研究生的道德情操，锻炼研究生的道德意志，帮助研究生确立道德信念和养成道德习惯等几个环节。研究生道德教育的本质属性就是培养人，是根据研究生的品德形成和发展的规律，较为科学地预见研究生身心发展的客观要求和结果，并追寻既定的道德教育目标，对纷繁复杂的社会影响加以调控、筛选和提炼，整合出符合社会前进和要求的思想观念和道德规范，然后通过课堂教学、社会实践、校园文化建设、党建工作等活动，有目的、有计划、有体系地转化为研究生个体的素质。

（三）德育途径

关于德育途径，在笔者所见的德育专著中较少涉及，但在有关的杂志发表的论文中有较多论述，而且基本上是将"途径"与"方法"联系在一起的。笔者在学习中体会到，德育方法必须通过一定的渠道去实施，才能得到落实，否则内容和方法再好，也只能是空中楼阁。因此，德育途径是指实施德育的方法和落实德育内容的各种渠道的总称，它与德育方法紧密相连。

二、研究生德育的特殊性

作为施教的对象——当代硕士研究生，他们是高层次人才的后备军，他们的素质与党和国家的前途命运休戚相关。道德品质在研究生素质构成中具有重要的地位，对人才成长起着导航作用，是决定人才发展方向的关键因素。而研究生德育则是提升其自身素质教育的重要渠道。所以对研究生进行德育教育，首先必须弄清楚他们是一个什么样的群体？具有哪些特点？其德育具有哪些特殊性？

（一）研究对象的特殊性

1.具有较高文化水准的知识群体

考取研究生的人，除个别同等学力者外，都具有本科以上的学历。也就是说，他们中绝大多数都接受过高等教育，具有较高的文化水准和素养——主要表现在以下三方面。

第一，不安于现状。近几年，随着就业市场的不景气，考研热一年胜过一年，报考人数几乎每年都创历史纪录。尽管报考研究生的目的和动机各不相同，但他们大多数是为了"提高学历层次，更好地适应社会需要"。他们中大多数人并不满足现状，觉得仅有本科学历是跟不上时代发展的，想趁年轻的时候多学点东西。为此，他们踏上了艰苦的求学之路。

第二，"不惜代价"报考研究生。无论是应届毕业生还是往届毕业生，或是在职人员，一旦决定报考研究生，则要付出昂贵的代价。例如，他们用于参加考研补习班、购买辅导材料的费用一般要上千元甚至更多；有的为了集中精力备考，甚至花钱租房在所报学校的附近，以便随时都能打听到该院校的招生消息，这样考生每月又得支付一些额外的开销。此外，还有那些看不到或难以用金钱来衡量的代价，这主要是参加研究生入学考试所付出的艰辛的脑力劳动，为之而舍弃了足够的休息时间和娱乐活动。还有的考生为之付出代价，但还不能如愿以偿。他们一年考不上要考两年，甚至三年，努力拼搏数次才能如愿，而一旦录取，他们就将失去 2~3 年的获取工资收入的机会。对在职人员来说，就意味着失去工作收入；对已有家庭的研究生来说，还要背井离乡，适应新的集体生活和忍受夫妻分居的寂寞。在我国现有的条件下，报考研究生的人都要有面对失败的勇气和胆识；考取研究生后又将面对艰苦的生活和竞争。这是有一定知识水准和追求的人才会选择的人生之路。

第三，树立终身学习、接受终身教育理念。研究生在学习期间一般都养成了较好的自学习惯，他们多数是图书馆和资料室的常客；是学术报告厅最多的听众。更为重要的是经过了研究生阶段的教育，他们树立了终身学习和接受终身教育的理念。终身教育是20世纪60年代在联合国教科文组织推动下，适应国际经济、科技和社会迅速发展的必然要求，成为国际社会的一种理念和现代化教育的新思维，被越来越多的国家和地区视为教育改革与发展的指导原则。研究生教育使研究生认识到，终身教育是一种与社会进步紧密相连的教育，它的任务不再是为青年人进入具体生活做准备，而是为他们继续学习、终身学习做准备。学会批判地、创造性地选择和利用信息，使学生具备终身教育必备的兴趣、动机、知识和能力，并以此来安排自己一生的学习、工作、闲暇和退休生活。这一群体具有了这样的理念，无疑对提高全民族素质教育也有影响。

2.具有鲜明自身特点的受教育群体

研究生处于从大学本科生到高层次科技、管理人才的特殊培养阶段。他们历经了本科阶段的系统训练和激烈的升学压力，在思想、心理、学习、生活上有许多与本科生不同的特点。认识这些特点，对研究生进行道德教育是非常重要的。多年来，社会上对研究生的评价和认识往往褒贬不一，这是人们的思维方式和认识问题的片面性所造成的。研究生既有学生身份的一面，又有教师、医生和科研人员等身份的一面，是一个特殊的受教育群体；是处在学校与社会夹层地带的一个年龄、知识、思想层次较高的青年群体。我们只有正确地认识这一特殊群体，才能使研究生德育教育取得成效。

（二）研究生群体的特点

近些年，随着高等教育的快速发展，研究生教育的规模有了较大的变化。研究生的生源渠道、年龄结构、生活阅历、认知水平、研究兴趣、个性技能等构成均发生了变化，要探索研究生道德教育的有效途径，就必须紧紧围绕研究生这一特殊群体的特点展开。与本科生相比，研究生这一特殊群体具有一些鲜明的自身特点。

1. 年龄结构的稳定成熟

从年龄结构来看,研究生年龄多数是在二十二三岁以上,具有一定的社会经验和自立能力、心理发展也相对稳定、思想也趋于成熟,其自我教育、自我管理、自我服务的要求和能力都比较强。因此,积极引导和组织研究生开展自我教育,是进行研究生道德教育一个十分重要和有效的途径。

2. 知识阅历相对成熟完善

从知识阅历来看,大多数研究生具有比本科生更为成熟和完善的知识结构,他们独立思考和判断是非的能力相对较强,思想活跃敏锐,阅历也比较丰富。这些特点决定了研究生不仅具有追求理想的愿望,而且更具有探索真理的能力,有条件的也乐于开展更深层次的理论学习和思想交流。

3. 培养模式呈分散性

从培养模式来看,研究生培养呈现极大的分散性特点,他们在学习、科研、生活等方面的独立性都比较强、差异性也比较大。因而组织大规模、集中性教育活动的难度相对也比较大。这就要求我们必须把建立经常化、规范化的教育培养制度作为对研究生进行道德教育的又一重点。

(三)研究生德育的特殊性

1. 对象身份的特殊性

本文的德育对象——当代硕士研究生,他们是学校中高层次的学生,其中有一部分研究生具有好几年的工作经历,是在职干部或教师。这些人受教育的目的是使自己成为更高层次的、有关行业的部门领导或业务骨干。因此研究生德育教育要突出"自我教育、自我管理、自我服务、自我约束"等特点,同时还可以开展助教、助管、助研工作,让一部分有能力的、德才兼备的硕士研究生来兼当硕士生或本科生的兼职辅导员工作。

2. 培养目标的特殊性

研究生的德育目标是在更深层次上解决如何做人的问题,不仅要在更深层次上涉及世界观、人生观、价值观、择业观等问题,引导他们树立正确的政治立场、严谨的治学态度、高尚的道德情操,还要更多地、有针对性地引导他们处理好经济、家庭、婚姻恋爱问题及其他社会关系问题等;更重要的是把他们塑造成为具有坚定信念的爱国人。

3.内容的特殊性

研究生的德育内容是在更高层次上围绕着特色理论、爱国主义、优良传统和素质教育等方面进行的,重在研究和运用,在认真研究它和熟练运用它这一点上提出更高的要求。

4.方式、方法的特殊性

研究生的德育教育强调以"自我教育和导师育人为主"的教育方法,组织研究生到社会实践中接受教育、在科研中去接受教育、在党团活动和校园文化建设中受教育。许多院校的实践证明:不少硕士生在兼职担任党的干部和辅导员工作中,既在德育工作中做出了成绩,又培养锻炼了自己。另外,从研究生对导师的尊重和信任程度来看,应让导师充分发挥指导作用,全面关心研究生德、智、体的全面发展,同时还应注意发挥政治理论课主渠道的引导作用。

三、研究生德育的内容

传统的德育模式强调对社会本位的一元化价值取向的正面灌输,德育内容也具有超越现实、明显的政治化倾向以及忽略研究生个体发展需要等方面的问题,使得不少研究生对德育主题教育持保留态度,他们认为传统的德育主题"可爱但并不可信","可信但并不可行"。正是基于对这种现状的认识,笔者认为研究生德育的内容应结合研究生自身发展的诉求去拓展和优化内容,研究生德育的内容集中起来包括:道德意识的塑造、健康心理素质的培养、民族意识的培养、科学精神的培养等方面。

1.关注研究生的道德意识

主体的道德意识是指个体主体的独立自主的、自觉能动的和主动积极的道德素质。在知识经济时代,信息、知识、智慧、个性和创造力都是个人和社会发展的重要资源,具有主体性、个性和创造性的道德品质才是知识经济时代最珍贵和最主要的道德品质。要想对研究生进行主体性道德意识教育，高校就必须重视研究生在道德素质方面的自主性、独立性和创造性的培养，就必须改变过去单一的、传统的道德教育方法，由单一转向多样、由强制灌输转向由研究生积极主动地接受，最终实现对研究生主体道德人格的全面发展。

2.关注研究生的心理健康

传统的德育主题教育过分地强调了集体和社会的利益和需要，贬低了研究生个体的物质诉求，忽视了研究生心理和情感上的诉求，基本上无视人与人、人与自身的关系。近几年，研究生中具有不良心理状况的人数明显增加。其原因肯定是多重的：其一，大多数的研究生是理想主义者。美好未来的追求与残酷的现实之间形成的强烈反差容易致使研究生产生焦虑、困惑、苦恼等状态，如若不及时加以疏通和引导，容易造成严重的心理障碍和心理疾病。其二，研究生处在一个特定的年龄阶段，除了要承受沉重的学业压力、激烈的竞争压力、强大的就业压力，还需要承担来自爱情、婚姻、家庭和事业等多方面的责任和义务，因而研究生德育必须高度重视研究生心理层面的诉求。只有心理健康才可能有良好的道德素养，也才可能实现自己的理想，有利于社会，甚至是造福于人类。

3.关注研究生的民族精神和爱国主义教育

弘扬民族精神和爱国主义已成为全人类共同的价值标准。世界各国的高等教育都将以爱国主义为内核的民族精神的培育作为中心。各国都将培育学生的民族自尊心、自豪感和责任感作为学校德育教育的首要任务。研究生又是一个社会的精英群体，其德行对社会具有很强的感染性、仿效性和导向性，是国家重点培养对象，也是西方敌对势力对我国进行"分化"和"西化"的重点对象。当今中国特色社会主义事业蒸蒸日上，民族精神和爱国主义精神是鼓舞我们前进的动力。在最近几年，出国留学成为许多研究生的一种选择。在全球化的背景下，各国之间的竞争日益激烈。国与国之间竞争的本质是人才的竞争，如果人才大量流失，研究生教育就很难成为我国经济发展的助力。全球化的发展也推动了人才的自由流动，发展中国家是最紧缺人才的国家，如果教育不当或缺位，则可能成为流失人才最严重的国家。

如何解决这种悖论呢？我们认为加强对研究生民族精神的培养尤为关键，应该成为研究生德育的重中之重。

4.关注研究生的科学精神培养

著名科学家克拉莫曾经说过："道德上的疏忽在科学领域受到的惩罚要比在商业界严厉得多。"一段时间以来，从媒体上报道高智商者犯罪的极端案件中可以发现：一个拥有高智商、高学历的"德盲"对社会产生的负面效应远比一个文盲来得更大。研究生德育长期以来忽视了对研究生进行学术道德的教育，只注重培养研究生的学术研究能力。当然，重视专业教育与重视研究生德育并不相悖，相反，在某种程度上来说，研究生德育的目的就是促进其在专业教育方面更好地发展。比如从事政治活动需有特定的道德规范，从事相关的科研学术活动也需特定的道德规范，这也是金耀基先生强调的"学术伦理"。可以说，对真理和知识充满真诚的人，应该也是尊重客观证据的人，能以理性为引导，不以个人私利去"学术欺骗"，也不去"曲学阿世"。

四、研究生教育的德育功能

随着我国考研人数连年攀升，研究生质量问题和综合素质问题已经成为社会关注的焦点。高校纷纷采取各种措施以提高研究生的教育质量。笔者认为，强化研究生德育是提高研究生素质的重要切入点。由此，从我国学校德育的功能来看，德育上要有以下三个方面的功能。

1.导向功能

学校德育对学校教育活动的开展具有指向、选择和调节的功能。德育既能指导个人行为和集体行为，也能指导学校、专业的教育活动。在各种教育活动中，起到导向和保证作用的都是德育，因而学校教育应将德育放在教育活动的首要位置。研究生教育是为国家培养高层次的社会主义建设者和接班人。而在高校研究生教育过程中，研究生德育不仅解决的是人的政治方向的问题，而且还解决走什么路的问题以及为谁服务的问题，即决定高校研究生教育的性质和发展方向。高校研究生的培养应坚持以德育为首，即"立德树人"才能造福于社会。

2.动力功能

学校德育对人的心理和行为能够起到引发、强化和支配的作用。思想道德是一个人的灵魂，也是指导人的行为和影响人的智慧才能的精神力量。一个人只有具有正确的政治追求和生活目标，才会积极进取，勇往直前，奋斗不止。一个学生也只有具有这方面的思想武装，才能明确自己的政治方向和立场，进而在社会实践中采取正确的立场、观点和方法，将精神力量转化为物质力量。

3.目标功能

德育是教育者按照一定的社会和阶级的要求并遵循受教育者身心发展的规律，为培养其形成一定的政治思想观念、政治立场以及道德品质而进行的有目的、有组织、有计划的教育活动。德育目标的确立是由受教育者成长所需要达到的质量标准和培养方向共同决定的。

而根据不同的主体需求，研究生德育有着不同的功能分类。

对于社会和国家而言，德育具有社会性功能。因为德育具有灌输国家意识形态、维护国家政治统治和再生产社会政治关系的功能。具体来说，学校德育能够对社会的政治、经济、文化等方面发挥某种性质的影响。德育不仅在阶级社会中为阶级斗争服务，而且还能够为国家的政治法律制度的民主化服务。我们说社会的发展需要稳定的社会秩序和良好的社会生活环境，而德育能够起到稳定社会秩序的重要作用。实践证明，道德教育如果有效实施，势必能够提高人们的道德水平。遵纪守法的人越多，违法犯罪的人也就越少，社会才能得到稳定的发展。相反，如果一个社会整体的道德水平比较低，那么违法犯罪的人相对就比较多，社会生活和工作的秩序都会受到严重的影响。

对于学校而言，德育具有教育性功能。一个学校的德育能决定这个学校教育的方向和性质，从社会性质来看，社会主义学校和资本主义学校的本质区别就在于德育的内容和性质方面的区别。社会主义学校德育，是以马克思主义思想来教育学生，培养坚持社会主义的国家公民，为广大人民群众服务。研究生德育目的就是要培养出具有对现存政治体制的理解、协同的能力，并能理性思考和对政治体制进行改进的高层次人才。

对于个人而言，德育具有个体性功能。德育的个体性功能主要是指德育对个体在生存、发展与享用三个方面发生影响。德育的核心任务是赋予每一个体以"善"的价值观、道德原则以及行为规范等。尽管这些观念、原则和规范看起来是约束个体的东西,但也正是这些东西能够使个体在社会中生存下去。也正因为具有充分的社会性,所以个体才能获取社会赋予他的力量,也才能最大限度地实现特定的任务。可以说,德育能够促进学生养成积极的学习情感、深化自我认知意识、增强社会责任感和培育其团队精神。

第二节 自媒体时代研究生德育理论

一、自媒体的理论思索

(一)自媒体的整体认识

美国著名哲学家杜威(John Dewey)曾说过:"社会不仅是由于传递、由于传播而得以生存,而且完全可以说是在传递、传播之中存在着。"他道出了社会的生存原态,并提醒人们时刻注意传播媒介不可小觑的价值。由于国内互联网和智能手机的广泛应用,新闻的传播媒介由传统的大众化媒介(如报纸、广播、电视)过渡为新媒体传播媒介(如博客、微博、微信等自媒体)。在过渡阶段,自媒体以其私人化、普泛化、平民化、自主化等独特的优势赢得了青年一代的喜爱,成为青年一代了解世界和社会、展示自己生活状态、表达自己情感的一种新的方式和途径。特别是,近年来自媒体平台得到极大的丰富、优化和发展,逐渐成为人们生活和交往的重要部分。

"自媒体"是一个新型名词,目前为止国内尚无明确定义。追溯来源,"自媒体"一词最初是由英文"We Media"翻译而来,它来自美国著名学者吉莫尔于 2003 年发表的 *News for the Next Generation: Here Comes We Media*。文章指出,1.0 是平面媒体、广播等传统媒体(old media),2.0 指在新技术支撑下出现的媒体形态,如数字报、手机媒体、数字电视等新媒体(new media),3.0 主要是以博客、微博、个人主页、即时通信工具等构成的自媒体(We Media)。同年 7 月,美国媒体学者谢因波曼和克里斯威

里斯在其著作 *We Media* 中做出相关阐述，采用了吉莫尔所提出的"We Media"，并且对"We Media"下了一个十分严谨的定义："We Media"是普通大众经由数字科技强化、与全球知识体系相连之后，一种开始理解普通大众如何提供与分享他们本身的事实、他们本身的新闻的途径。之后，美国《连线》杂志用通俗易懂的一句话定义自媒体：是由所有人向所有人进行的传播。可见，"自媒体"是一个西方舶来品，其来源于西方新闻传播学界，是以媒体主体为标准的媒体界定，是指独立的自然人用现代通信手段发布信息的媒介和载体。

回归到字面含义上，"自媒体"中的"自"至少包括两层含义：一是代表自由，即大众有极大范围的自由；二是代表自主，即大众有极大的选择权，能自主选择自媒体的形式，并根据兴趣爱好自主选择并浏览信息，抑或是选择自己当主人，编辑上传内容，使自己成为信息的生产者。综合以上分析，该研究定义的自媒体为依靠新兴科学技术，能够实现接收与发送信息并为大众所掌握的传播工具，其特点表现为私人化、自主化、平民化、普泛化，其运用主体通常是指独立的自然人，而非传统媒体中高高在上的主管机构。相较于电视、广播、报纸等传统媒体而言，该研究涉及的自媒体几乎无任何门槛，大众只需在网页上进行简单的注册申请即可获得一个属于自己的账号，然后接收、传播或发布信息，手机短信甚至连申请注册这一道工序都省略了。

（二）自媒体的发展缘由

正如前面定义所言，自媒体几乎无任何门槛就能使大众成为自媒体者。但人们存在疑问的是为何自媒体能以迅雷不及掩耳之势在中国蓬勃发展？究其原因，笔者认为，人们强烈的需求是自媒体技术得以迅猛发展的前提条件；而由科技创造出的自媒体技术恰好满足了人们的这种需求。但自媒体在国内的迅猛发展并非受某个因素影响，而是由多个因素综合所致。接下来，笔者将试图从以下几个方面来说明其发展缘由。

1.传统媒体的缺陷

从定义可知，自媒体具有私人化、自主化、平民化、普泛化等特征，相比之下，传统媒体具有以下缺陷。

缺陷一：传统媒体在政治、经济、文化等方面有着不同程度的禁区，如信息的自由度远不如自媒体，在一些敏感事件上的挖掘能力也不如自媒体。

缺陷二：传统媒体传播途径单向化、信息、视角单一化。自媒体的平民化使得其新闻来源广泛、时效性强，特别是自媒体较强的交互性使得广大的受众能多向交流，大大增加了自媒体上看问题的思路，信息视角呈现多元化等，这些优势都是传统媒体望尘莫及的。

缺陷三：传统媒体的公信力不如新媒体。不管哪个时代，新闻传播的公信力都是衡量其权威和影响力的支柱，而传统媒体在这一方面备受人们质疑。《"转型期的中国传媒公信力"调查报告》结果显示：中国传媒整体公信力在下降，但新媒体的公信力在迅速增长。同时，在现有的传媒体制下，传统媒体的传播行为往往受到来自市场和行政的双重压力。

缺陷四：传统媒体成本高。传统媒体的盈利，是江河，产业链每次流动都有固定的入口和通道。自媒体的盈利，是雪山，你只要跑到山顶上，哪个方向都能滚向盈利。对于公众媒体的高成本，自媒体有着价格亲民的优势。相比自媒体中信息的免费传播，传统媒体上的广告费用是极其昂贵的。

缺陷五：传统媒体难以实现用户的多向交流。一般而言，传统媒体都是单向地传播信息，而自媒体则提供了用户互动的平台。近年来，越来越多的自媒体用户关注并参与到一些民生问题的讨论当中，其关注和参与的话题也日益广泛，从关注政府反腐行动到房地产调控行政、从名人炫富到弱势人群救助，从污水排放到文明施工，范围涉及政治、经济、文化、教育等各个方面。可以毫不夸张地说，自媒体已经在很大程度上，较之传统媒体在更大范围内、更深层次上成为我国公民行使宪法所赋予的知情权、表达权、参与权和监督权的重要平台。

2.科学技术的发展

马克思曾说："火药把骑士阶层炸得粉碎，指南针打开了世界市场并建立了殖民地，而印刷术则变成新的工具，总的来说变成科学复兴的手段，变成对精神发展创造必要前提的最强大杠杆。"尽管自媒体技术不能与火药、指南针和印刷术带给人类的贡献相提并论，但自媒体给人类社会带来的影响也是空前的，它促使整个传媒行业的变革。如果说互联网为人类提供了双向互动的可能，那么自媒体的出现则将这种可能变为了现实。

在20世纪90年代中后期，互联网经济泡沫破灭后，大量的程序员和软件设计师离开大公司成为自由职业者。他们发挥自己的创造力，从用户的角度出发设计出许多大众真正需要的软件。无论是美国的MSN或以色列的ICQ，还是中国的腾讯QQ都是在那个阶段诞生的。多年前，大批的软件人员从大型企业的释出深刻地改变了互联网产业，将很多具有高科技含量的"技术"散落到民间，间接地推动了新闻传播媒介生态的变革。与此同时，越来越多的新闻从业人员主动或是被动地从大型的传媒集团释出，从前受各种规范限制的媒体工作者如今可以按照自己的方式和进度写作，成为"自己的主人"，这样的工作模式成为他们创办"自媒体"的最大动力。2013年互联网用户向移动端迁移已成定局，中国互联网人口数达6.3亿，其中移动互联网用户数就达5亿。

传统媒体本身作为一种正式的机构运行，有着自己的运行、管理机制。它们受着行政和市场的双重控制。美国著名学者安德鲁夏皮罗曾在其专著中指出，互联网的发展将使政治、商业和社会生活中的层级结构瓦解，使个人重新获得曾被各种组织机构所剥夺的力量。夏皮罗特别强调："权利正下放到使用者手里。"由此可以看出，信息技术的发展为人们做"自己的主人"提供了一个千载难逢的机会。相较于传统媒体，新型的传播媒介组织反应更加灵活，关注本地，能够指向自身，与社区和网民联系密切，能以小博大。再结合硬件发展的摩尔定律，便出现了至今方兴未艾的自媒体载体的不断演变。

3.民众的强烈需求

有需求就会有供给，只有人们有了某种需求，才会出现某种产品。自媒体技术，在一定程度上满足了人们的强烈需求。这种强烈需求可以概括为以下三点。

（1）人们都有认知的需求。哈耶克曾说过："每个人都有自己所知道而别人不知道的信息，从整体上说，任何个人（包括政治家）对于其他社会成员所拥有的信息都处于一种无知的状态。"也正是因为这个原因，每个人都试图通过最快的方式获取关于他人的新资讯。而基于现代通信手段的自媒体技术融声音、文字和图像为一体，调动人们的多种感官共同参与信息的接收，扩大了人们感官经验，并在第一时间为人们提供丰富的信息。

这些丰富的信息除了能满足人们的一般认知需求，如关于亲朋好友的近况、时事及娱乐新闻，还能满足其特殊的认知需求，如关于文学知识、生活小窍门等信息。从另一方面来看，人们对信息的这种认知也是必要的，因为这有利于市场经济的发展。熊培云先生曾指出："中央计划经济和市场经济的最重要差异就在于前者的信息是吹着流动的，而在市场经济中，信息上要是水平即对角流动，买卖双方在各个层次交换着信息。"因此，我们说不管从哪个层面上来看，人们都对信息有着强烈的认知需求。

（2）人们都有消除孤独的需求。随着科技水平的高速发展，人们的衣食住行都得到极大提升，人们也不用为衣食而忧，但人们在精神上的孤独感却达到了空前的水平。网络互动平台的出现，为人们提供了一个可以排解的交友平台。人们通过微博、微信、博客等自媒体手段能够在网络的世界中寻找到更多的"志同道合"的朋友。如研究生可以通过相关学术论坛结交到与自己研究领域有交集的朋友，爱好旅游的人能够通过旅游论坛结识到同一旅游目的地的玩伴。即使人们足不出户，也能利用网络与相隔千里的亲友视频畅聊。这些都得益于人们内心消除孤独的需求，正好自媒体的存在在一定程度上打破了人与人之间的孤立和隔阂。

（3）人们都有自我表达的需求，渴望把关于本人的信息或者想法透露给他人。人一出生就有发声的欲望，渴望自己的声音被他人听到、被他人理解。而自媒体的运用就可以将这种自我"表露"得更加淋漓尽致。相反，传统媒体在一定意义上是作为政党的喉舌存在的，其宣传内容多为政府议题和政党的方针政策。人们都了解到自媒体强调的是自我对信息传播的主动控制，其特征和优势是私人化、普泛化、平民化、自主化。以微博、微信为代表的自媒体平台的出现为普通大众提供了一个话语表达平台，打破了由精英阶层和传统媒体所掌控的话语壁垒，充分实现了人们的话语权。话语权，从字面上理解，也就是公民的说话权、发言权，对罪恶事实的控诉权、对错误观点的批判权、对政治主张的阐发权、对违法违规的举报权等，都属于话语权的范围。在这里笔者引出一个理论，叫"沉默的螺旋"。"沉默的螺旋"理论是由德国学者伊丽莎白·诺依曼于20世纪70年代提出的，它描述了这样一种现象：一个人如感到他自己的意见是少数的，他不会表达出来，因为害怕被多数的一方报复或鼓吹。意见一方的沉默造成另一方意见的增势，如此循环往复，便形成一方的声音越来越强大，另一方越来越沉默下去的螺旋发展过程。由该理论可知，当人们觉得自己的观点和大多数人的观点不一致时，他们往往选择的是放弃表达自己的观点。但在自媒体时代这种现象得以改变，因为网络是一个很好的遮蔽物，每个人只要愿意都可以适当地隐藏自己。网络的匿名性对"沉默的螺旋"理论起到了弱化作用，弱化网友们的趋众求和心理。由此，公众可以在这些进入门槛低且交互性强的自媒体平台上，自由地表明自己的态度，实现自己的话语权。

4.智能终端用户的增加

随着 iPhone、iPad、Android 手机等移动智能终端用户的增加，越来越多的用户通过移动阅读终端来获取资讯，一定程度上加剧了自媒体的迅猛发展，进而推动了自媒体载体的不断演变和发展。自媒体载体由最初的电子邮件、手机短信、博客、手机信息群发、论坛、即时通信到时下最流行的 QQ、微博、微信，是一种以普通民众为主体，向特定的小群体或不特定的大多数传播信息的新媒体。

以上自媒体的使用工具呈叠加状态。就目前的中国，最具有代表性的自媒体平台有腾讯 QQ、新浪微博、微信。下面笔者将重点介绍以下三种自媒体载体。

（1）博客。众所周知，自媒体萌芽于国外的即时聊天工具，如 MSN（开始于 1995 年）、ICQ（开始于 1996 年），之后国内博客的普遍使用标志着自媒体的兴起。具体来讲，博客最初是一些程序员以记录日记的形式出现的，上传的内容也大多是他们的生活和工作感悟，后来才逐渐成为网络热衷者的简便维护工具。从此，互联网上各种类型的博客网站如雨后春笋一般纷纷出现。

（2）微博（Mircoblog），即微博客的简称，也就是一句话博客。具体操作流程为微博用户可以通过 WEB、WAP 等各种客户端创建个人账户，组建个人社区，再通过快速地搜索感兴趣的文章或是上传精简的文字信息传播信息，实现即时分享。作为自媒体时代的典型产物，微博以其传播的交互性和即时性区别于传统媒体，其中微博的裂变式传播方式极易使一个热门的话题在很短的时间内引发舆论热潮。它的出现及兴起是继社交网站后最大互联网热点之一，小到平民百姓、名人明星，大到企业政府都纷纷尝试开设微博账户增加与他人的互动交流。

微博已成为目前使用最为广泛的自媒体平台之一，其在网络上的巨大影响力已逐渐由网络渗透至人们身边。实际应用过程中，微博使用者最初关注的人群是明星，通过明星发布生活点滴从而吸引一大批的用户。如新浪微博和搜狐微博都是采取邀请大量明星入驻来吸引用户的方式。而"草根族"在名人的带动下，意识到微博是一个开放的平台，人人平等，也渐渐地从观者变成了信息的发布者和互动者。

（3）微信（wechat）。微信是腾讯公司于 2011 年 1 月推出的一个为智能终端提供即时通信服务的免费应用程序。截至 2013 年 11 月，注册用户量已经突破 6 亿，是亚洲地区最大用户群体的移动即时通信软件。微信提供公众平台、朋友圈、消息推送、扫一扫、摇一摇等方便快捷的社交网络工具的功能，非常容易使人上瘾，其普及速度超过了 Facebook 和 Twitter。在日前，依托 QQ 的微信已然是中国的应用大热门，缘于微信，在当今世界第一的智能手机市场上傲然称霸。虽然微博和微信都具有"一对多、自广播"的特性，但其在传播属性上风格迥异。有人形容，微博是"广场"，微信却是"会所"，微博通过转发和评论可做到即时新闻的横向大范围传播。而相较之下，微信内容可直接推送到用户手机，微信比微博精准且到达率高，微信更适合"点对点"精准内容的传播，两者各有千秋。

（三）自媒体的发展特点

自媒体是时代的产物，它的出现使人们达到一种前所未有的自我释放，它的到来给社会生活带来了很多不同。然而任何事物的发展都有着两面性，自媒体也不例外。

1.自媒体的积极性特点

自媒体时代信息的传播，有其自身的发展优势。它以其独特的信息传播模式区别于传统媒体，在实现信息高效传播的同时，也传递了一种公平正义的理念。笔者仅从两个角度来探究自媒体的积极性特点，一是自媒体平台上信息的呈现特点；二是自媒体平台传递的理念。

（1）从传播模式层面看自媒体的效应。

——信息源广泛。信息的来源方式决定了信息的传播方式和路径。与自媒体相比，传统媒体最大的优势在于垄断了信息源，独霸话语权，而自媒体的信息源则是散落在每一个角落，只要身边有手机或者网络，任一公民都可成为一个信息源。他们只需通过轻轻触碰几个键就能轻松地将图片、文字或视频音频传送出去，信息的接受者又能成为下个信息的生产者。在此传播过程中，生产者、接受者和发送者三者的分工不再如此明确，相反往往是一人身兼多重角色。从传播路径来看，自媒体一改传统媒体一对多的无反馈的单线传播模式，而换之以一种"一对一""一对多""多对一"的新型网状传播模式。事实上，此一模式类似于脸书上所呈现的人际关系图示，依附于Web2.0的支持而实现多向传播，甚至用户可以进行反馈并通过相关反馈得到直观显现。

——信息量庞杂。以微博、微信、播客为代表的自媒体平台为人们提供了多样化的传播平台，数以亿计的智能手机用户、微博用户、微信用户成为其最广大的信息源，涌现出了海量的信息内容并共同开创了崭新的媒体环境。但，自媒体时代传播的海量信息在隐匿性的网络环境中难免出现泥沙俱下、良莠不齐的现象。自媒体时代的热闹喧嚣中夹杂着各种不同的声音，有彰显道义、传播正能量和促进思考求索的声音，也有一些充斥着消极、落后、腐朽思想和文化的声音，甚至还有些传播内容透露出了反社会、反人类、反科学的错误价值观、人生观和世界观。

——传播速度快。传统媒体的新闻诞生有着极其严格、复杂的审查制度，每一条信息诞生都需要经过层层筛选、把关和编辑后才能到达受众。而在自媒体时代，自媒体的准入门槛低，不需专业技能培训和专业机构来运作，更加不需要相关部门的批准，编辑的内容也无硬性的规范。人人能在法律允许的范畴，在微博、微信等自媒体平台发布自身想传递的信息，且信息不仅能在同一媒体间传播，甚至还能在不同的自媒体平台之间进行互播。同时，影响新闻时效的另一个因素是新闻的生产者，传统媒体的新闻全部来自其专业的记者。一般情况下，记者是在接到新闻线索后赶到现场，需要经过采访、写稿、审批最后才能到达受众。但在自媒体时代，在新闻的第一现场，任何人都可以通过即时工具来发布现场照片或编辑新闻上传至网络，这种速度是传统媒体所不能比拟的。

——覆盖范围大。随着技术的不断更新和完善，不同载体之间信息传送已经没有了技术屏障，相反几个不同载体之间往往是一键相关的，各自媒体平台相互之间的信息流通，也能让信息得到充分的接收。同条信息能在几个不同的载体上同时呈现，又或者人们可以利用简单的复制、粘贴方式将博客上的文本拷贝到论坛、QQ等其他自媒体平台上。但每一载体都有着特定的人群，也是一个庞大的公共信息平台，公众在这里完成信息的发送、评论和转发，信息传播已经不是传统媒体意义上的传播，而是通过不同的载体在公众间进行了自主交叉式的传播，这样的传播方式要比传统的媒体传播渠道复杂得多，受众也要多得多。

——信息影响大。近年来，自媒体的影响力迅猛提升，大有赶超主流媒体之势，以微博为例。曾经有网友如此形容微博：如果你的微博粉丝超过一百，你就是一本内刊；如果你的微博粉丝超过一千，你就是个布告栏；如果你的微博粉丝超过一万，你就是本杂志；如果你的微博粉丝超过十万，你就是一份都市报；如果你的微博粉丝超过一百万，你就是全国性的报纸；如果你的微博粉丝超过一千万，你就是电视台；如果你的微博粉丝超过一个亿，你就是CCTV。由此可见，自媒体的影响力非同凡响。

——体验生命真。体验，是用自己的生命来验证事实，感悟生命，留下印象。体验到的东西使我们感到真实，现实，并在大脑记忆中留下深刻印象。有学者认为情感是体验的出发点和归宿点，体验主体先从自己内心感悟出发去感受外部事物，再把体验的结果回归至自己内心。相比传统媒体，新媒体是体验、是喜爱、是跟随、是参与，是消费者。体验是以经验为基础，对经验的一种深化和超越；体验是一种注入了生命意识的经验，是一种激活了的知识经验，是一种个性化了的知识经验；恰好自媒体就有这种特性。其最重要的是要誓死捍卫自我解读的独立性、自我话语权与个性化解读。自媒体高扬"自我、自由和自在"，自我是强调个人视角的不可替代性；自由是指从写到传播，文责自负，没有新闻审查和主编意见，却追求和读者的互动和多元解读；自在是指自媒体人不依赖某一组织赚钱养家糊口，安身立命，不用像传统媒体人那样仰人鼻息。

（2）从传播理念层面来看自媒体的特点。

——话语权下移。美国约翰·罗尔斯曾提出两条关于公平正义的基本原则："第一原则：每个人都应有平等的权利去享有所有人享有的类似自由体系协调一致的、自由平等的基本自由构成的最终体系；第二个原则：社会和经济的不平等应该这样安排，使得这两种不平等都能够最大限度地增进最不利者的最大利益；这两种不平等所依系的职务和地位，应该基于机会的公平平等条件向所有人开放。"自媒体时代使得话语权下移。话语并不仅仅是简单的言语表达，其背后隐藏着复杂的权力关系。法国哲学家米歇尔·福柯认为，权力从其本质上看是一种影响力，这种影响力表现在话语权的拥有状况上。由此可见，权力实际上是一种影响力，话语掌控权对权力的运作是至关重要的。要想真正地实现公平正义，应确保每一公民的话语权。自媒体平台平等地向所有人开放，为公众提供了一个平等表达意见的机会。因而，自媒体时代也是一个人人拥有平等话语权的平民时代。以腾讯QQ、微博、微信为代表的自媒体时代的到来，将话语权更多地转移到平民大众手中。信息的发布者已经不再为某个传媒机构所垄断，普通民众逐步开始主导信息的传播过程。每一个"草根"都可以通过互联网来表达自己的观点、展示自己的生活状态、传递情感，甚至是构建自己的社交网络。人人都是信息的制造者和传递者，发布信息时不再有专门的把关人，每个人都可以在法律框架下充分地表达自己的观点和意见，每个人也都有一个麦克风，可以成为信息的报道者。自媒体这种传播模式打破了不同主体之间的权力距离，缩短了精英与平民、管理者与被管理者间的距离，近似的实现并传播平等。

2.自媒体的消极性特点

正如前面所说，自媒体是一个相对自由的平台，是一个可以自由表达意见的空间和场所，因其包容性、亲民性和互动性的特点，逐步开启了一个真正属于公众的"平民时代""草根时代"。但随之而来的网络空间的随意性和无序性，也使得这种非理性的自由成为围观者和戏谑者狂欢的借口、乌合之众的畅想。这种非理性的表达方式也违背了媒体公共性的本质，走向了另一种极端。

（1）信息的非真化。自媒体平台上的信息的非真化，究其原因，主要有两点：一是信息源的模糊性。传统媒体的从业者大多数是带着强烈的责任感和使命感进入这一行业的，但自媒体的新闻生产者无任何准入标准，则个人的道德素养便无法甄别和评价。新媒体的"从业者"大多不具备新闻写作的专业素养，同时自媒体信息的发布过程也缺少专业的审核流程等。这些都直接导致自媒体信息发布者的信息真伪难辨。二是网络的虚拟性。

自媒体环境下,受众所处的传播情景是虚拟的,他们既可以隐藏本人身份,匿名发表评论,似乎给人感觉不受现实生活的种种法律法规、道德的约束,不需对自己的言行负责。网络的匿名性、网络信息传递的快速性以及传播主体的广泛性特征决定了自媒体一方面能够更真实地反映社会政治、经济、生活的方方面面,充分地反映来自社会不同群体之间的价值观;另一方面,其特征的存在也会导致自媒体平台的信息发布存在随意性,信息的真实性难以保证。比如,在微博上发布的信息常常因其发布的随意性导致信息的真实性难以辨别,也容易以讹传讹。

(2)信息的碎片化。与传统的写作习惯不同的是,自媒体时代更强调信息的短小、精炼。新浪微博将内容字数限定在140字以内便是最直接体现。但由于字数的限制,人们获取的信息也有限。信息不仅容易被割裂,还容易导致人们对信息产生片面理解,甚至将不实信息辐射至更广的人群。可见,短、平、快的自媒体信息传递模式决定了其信息获取方式也是碎片化、浮光掠影、浅尝辄止的。

微博信息按秒刷新,更新速度极快,一个"刷"字道尽对微博信息更新与接触的迫切——在课堂上、在地铁上、在电梯里、在餐桌上……正如拉氏所说的那样——媒介常以低廉的代价占用或剥夺着人们的自由时间。《青年时报》在对微博使用者的一项调查中指出,26%的人每天打开电脑的第一件事就是看微博;有15%的人出门在外使用手机,随时随地发微博,上厕所也不耽误;有6%的人每天发微博10条以上;有28%的人至少每天上1~3次微博。人们在不知不觉中被媒介吞噬了大量零碎的时间,无论是正在上学的孩子还是上班族都没能幸免。

(3)信息的娱乐化。在自媒体出现之前,传统媒体是通过向公众倡导主流文化价值观念来影响公众的生活。但传统媒体无法使民众直接地、快捷地参与和互动,以及随时随地发表对公共事件的意见和看法。在开放的网络世界里,发达的自媒体不仅能传播主流文化和价值观,而且可以作为公共的平台为大众提供自我表达的空间,使非主流、个性化的价值观念也有机会得以展现。自媒体时代能鼓励公众发出不一样的声音,多元化的自媒体时代表达开启了一个否定话语权威和话语中心的新时代。但是,当网络平台突破了传统表达平台的上流话语体系之后,又可能会以一种娱乐化的方式四处奔散。网民的个人旨趣各异,加上网络的匿名性和网民的趋同、从众心理，使得网络的传播内容鱼龙混杂，"曲低和众"的趋势也不断盛行。社会学家戈夫曼的"戏剧论"中提道：任何个人的行为都会给人以某种印象，因而任何个人都有意或者无意地试图引导人们按照特定的方式看待我们。所以，我们可以看到，在自媒体的平台上，对社会重要事件起意见领袖作用的多数都是名人发表的微博，普通民众对公共事件并没有像对娱乐、美食、体育等话题那样高的热情。新浪微博的影响力前一百名中，有 80%是娱乐明星或者文化名人，各种粉丝甚至是将微博看成是明星后援团的一大阵地。如今的微博已经不是公共领域的表达平台，而逐渐成为明星们的生活和工作的秀场。即使在对待公共事件时也是抱着戏谑、围观的心态，形成了全民娱乐化的局面。

（4）信息的低俗化。自媒体的准入门槛低，使得其新闻编辑人员无须经过专门的培训就可以进行自媒体新闻的发布。在网络这个鱼龙混杂的大染缸里，有着大量未经新闻专业技能培训和新闻道德素质培养的群体存在，大大降低了自媒体新闻的质量。这样的现状导致了两方面的问题：第一，数量庞大的信息库造就了一个信息的海洋，导致人们想要获取真信息就像海底捞针一般，同时也为谣言四起提供了一个绝佳的环境。第二，人们的大脑充斥着众多的信息，这直接导致我们疲于应对而无暇进行理性的思考，如此令人目不暇接的信息也使得我们对信息敏感度变弱，对那些真正需要我们关注的信息变得麻木。新闻的娱乐化、随意性和低俗化在人们无意识中起步并盛行起来，信息化时代的副产品也同样值得我们关注。比如自媒体平台上传播的新闻整体质量就不是很高，以微博为例，为了获得更多的关注度，一些媒体的编辑人员不得不依据大众的爱好来修改自媒体新闻的编辑模式。在潜移默化中，受众逐渐由习惯低俗新闻到需求低俗新闻。编辑人员也随之不得不提供低俗新闻来迎合受众，从而产生恶性循环。

（5）信息的无序化。由于自媒体的信息源身份的不确定以及自媒体平台的监督不到位，导致了信息真伪难辨。部分媒体的传播主体表现出对意见表达存在过激和失控行为，借助舆论监督的名义散布谣言、透露隐私、进行偏激性以及非理性的谩骂，甚至是人身攻击，最后触犯了法律的底线。自媒体相关的监督机制尚未建立导致自媒体在使用的过程中易出现无序状态。在虚拟的世界中，网民可以不受现实生活中的身份和地位的约束，拥有一个另外的身份，不停地更换 ID 地址，扮演不同的角色。自媒体环境的虚拟性以及身份的匿名性助长了暴力传播。为人们所诟病的"网络暴力"，自媒体在一定程度上起到了推波助澜的作用。对于一个微电影而言，当其在自媒体平台发布后，人们都可以在隐身后对其进行匿名评论，充分地表达自己的观点。然而在缺乏相应的责任和义务约束的虚拟环境中，任何一个稍微有一点"焦点意味"的话题，都极可能在非理智的网民的推波助澜下演变成一起网络暴力事件。

（四）自媒体的实践功能

自媒体的发展是两面的，既能实现信息的高效传播，又能使信息的传播走向极端化。在实践功能中，自媒体技术也同样呈现出两面性的功能。

1.自媒体的正向功能

随着自媒体在互联网上迅猛发展，它给人们带来的影响已经超越了人们最初的设想。不仅在"新闻途径"的范畴和功能方面进行了深刻的变革，而且对人们的日常生活、民主政治和社会道德等方方面面也都产生了影响。简而言之，自媒体开始明确且广泛地表现出它作为生产工具应具有的实践功能。下面，笔者仅从自媒体对人们社会交往、政治参与以及社会监督等方面的影响来探究自媒体这一生产工具具有的正向功能。

第一，社交功能。

自媒体作为网络时代的产物，在一定程度上削弱了时间、地点、场合对人们信息交流和人际交往的限制。具体表现在：①自媒体采用的是主观时间场域，不分四季和昼夜，没有采用哲学家们所说的"世界时间"（即指可以用来计时的钟表时间）、"客观时间"（即指自然科学的宇宙时间）；我们甚至可以认为，在自媒体上永远都是白天，不存在黑夜的概念。②网络消除了现实生活中人与人之间的物理距离，人们在互联网的世界上可以随时随地选择现身或者消失，这可以由自己掌控。③自媒体原先只存在于虚拟的世界中，经过用户的互动和改造后，又反馈到现实生活中并服务于人们的日常生活，单单从这个过程来看它是自由的，其本身是不受限制的。这些特征也都使得自媒体更具有"豁性"，内容不断地深入，密度不断地增加。

第二，政治参与功能。

在传统媒体环境中，受众是处于被动的地位，而在自媒体时代，受众可以变被动为主动，自由地选择想要了解的信息内容，如果愿意甚至可以选择自己成为一个信息源，进行信息的传播活动。传统媒体的舆论监督是通过单一的媒介自上而下完成，大众讨论的深度和范围都得不到很好的体现。自媒体平台为人们提供一个虚拟的政治空间，大众在自媒体这种开放性的平台上能够享有充分表达的权利，能够实现其政治参与权。自媒体在政治学上的意义不仅体现在能克服由于政治环境的封闭性和由于信息不对称所带来的问题，还能帮助提升政治体系运行的质量。在虚拟空间中，身份、文化、资产等影响传统政治生活方式的因素都可以在一定程度上被抹去，每个人都可以借助自媒体平台来生产信息、传递信息，从而进行政治参与。网民对社会热点事件的密切关注，对国家重要事务决策的积极参与，既能实现大众的话语权、彰显基层民主旺盛的生命力，又能帮助政府借此搜集民意，制定出最有利于民众的政策。

第三，社会监督功能。

公共权力的运行如果没有了监督，必然会导致一定程度的腐败。公开透明是最好的防腐剂。俗话说：知屋漏者在宇下，知失政者在草野。自媒体能够拆除民意与"官意"之间的围墙，一方面它能够为决策者知晓民意提供平台，另一方面也能为政府高层监督基层政府提供民意参考。自媒体平台和由自媒体组成的各种论坛、社区能够对公共权力实施全方位的监督，真正使得权为民所用。以开放性、自组织、个性化为特征的自媒体凭借其技术上的优势，实现了人人即媒体，进而实现了对公共事件的全方位的报道。自媒体的流行打破了传统媒体对话语权的集中和垄断现象，传统媒体的话语强势地位也在一定程度上被弱化，普通民众的话语权得到增强。在一定程度上，自媒体网络平台的构建使得民众能够积极地参与到社会热点事件的讨论监督中去，推进事件合理公正地解决。

2.自媒体的负向功能

自媒体时代的降临意味着新的机遇，但挑战亦是极其显著，根源在于自媒体涉及知识和信息分配的变化，实质上是关乎权力分配。拥有权力就意味着掌控了话语权，自媒体把话语权回归大众，将直接冲击到政府、高校等组织对话语权的掌控，具体可从以下角度分析：

第一，削弱主流价值观的主导作用。

从话语主导的角度来讲，主流价值观一直扮演主导人们思想和行为的角色，从政府到民众，从高校到学生，无时无刻不由上往下地影响到每一个人。然而，如今的时代已不再是"集约式"的话语时代，随着自媒体赋予人人都有话语权时代的到来，传统的自上而下的主流价值观传播方式开始受到颠覆，社会上人人都有传播价值观的权力。也就是说，以往政府和高校等组织掌握着发布主流价值观念的权力，掌控着媒体所传播信息的内容、数量和渠道等，而现今在自媒体时代大众成为话语的主人，话语主导权由政府分配到普通个人的身上。由上而下的传播模式逐渐向自下而上的传播模式过渡，由政府一个信息源变为普通大众无数个信息源，价值观不断多样化、多元化。主流价值观是政府主推的价值观念，但受到自媒体的冲击，无疑这种主导作用会逐渐削弱。

第二，阻碍政府话语的高度管理。

正如前面所说，自媒体信息传播速度快，人们都具有参与信息传播的能力，那信息的更新就极为正常，其中就涉及社会大众的话语热点更新。加之，参与者的广泛性，每一个话语焦点都可能会带来巨大的社会舆论影响，乃至对国家政治产生巨大影响力。从理论上讲，在自媒体时代，每一个人都可以利用自己的话语传播能力令某一话语焦点引起更多的关注，造成极小的话语扩大成为人人都关注的热点问题，这种个人话语上升至公众话语，势必会对政府的话语管理带来压力。因为从根本上说，自媒体中大众所参与的议程、意见的表达等往往具有极大的选择性和偏向性。例如，大众往往会关注政府机关及其成员的言行举止，因为政治生活涉及金钱、权力等"稀缺资源"，会影响到每一个现实中的个体的生活境遇，因而其负面内容更容易引起人们的关注。而大众在自媒体中的表达方式也会往往会呈现出情绪化的特点，缺乏一种贯彻始终的理性和客观的立场。由此，自媒体时代中话语权的高度流变性，带来的就是政府话语管理方面的现实困境。

第三，加大政府话语协调的难度。

随着改革开放的不断深入，我国经济体制发生了深刻变革，社会结构发生了整体变动，利益格局发生了全面调整，思想观念也发生了巨大的变化。

在此背景下，社会的分化也难避免，而代表不同利益的不同社会群体围绕话语权的主导也展开了全面的竞争和博弈。自媒体则将这种话语冲突的范围和强度进行了放大。关于这一点，我们可以从作为自媒体代表的微博的平台上的热点话题评论的话语冲突中直观地发现，精英阶层与普通民众、强势群体与弱势群体等群体之间正为争夺话语权而进行着激烈的争论。精英阶层往往因其在社会中拥有着更多的资源因而其能够在自媒体传播过程中处于优势地位，但与此同时普通民众为争夺话语权而形成的舆论能力也逐步加强。有学者指出："舆论的形成、发展以及产生影响的过程，就是多个参与方的心理和行为在相互依赖、影响、制约中不断变化的过程，就是在博弈中不断争夺舆论主导权和舆论影响能力的过程，就是舆论权博弈的过程。"作为政府必须正视这种冲突并想方设法协调这种冲突，尤其是精英阶层试图通过话语权来维持其利益和普通大众通过话语权来争夺利益之间产生的冲突。在这样一个博弈的过程中，两个群体都可能为维持自身的利益而发生过激言行，专家的言论也可能因为被收买而丧失独立性，因而政府的话语协调难度越来越大。

二、研究生德育的总体考察

自媒体时代下，自媒体理论为研究研究生德育提供了理论指导，回归到研究对象层面，研究生德育的理论探究也将为自媒体时代下研究生德育研究提供规律性经验模式。

（一）研究生德育的特点分析

从研究生自身情况来看，研究生是特殊的群体，他们是社会的精英群体。研究生的培养目标是为了培养专门技术人才和创新型人才，他们的思想品质显然比一般人更为重要。因此，我们应该坚定地把德育放在研究生教育的首要地位。而从研究生教育体系来看，研究生德育呈现以下几个方面的特点。

特点一：研究生德育地位更突出。

研究生教育的目标是使研究生既要有精通的专业知识，又要在思想、政治、道德和身心等方面都具有较高的道德素养。党的十八大报告中强调"把立德树人作为教育的根本任务，培养德智体美全面发展的社会主义建设者和接班人"。《教育部关于加强和改进研究生德育工作的若干意见》中也明确提出:"研究生德育是研究生教育的重要组成部分,在研究生的全面培养中具有不可替代的作用。"由此观之,党和国家极度重视德育,关注研究生德育的发展。研究生教育中既要保证教学的主体地位,又要切实落实"德育首位"的思想,坚持"以德育人",而在德育过程中不仅要提高研究生的道德认知能力,更要通过个性、兴趣、意志力、价值观等非智力因素的培养来激发研究生对于道德情感的体验,以此来提高学生的道德行为能力。可见,以培养具有坚定的政治思想、丰富的科学文化知识和高尚的情操为核心的研究生德育在整个研究生培养体系中地位更加突出。唐德先也曾指出,研究生教育不仅是培育高层次人才的渠道,同时也承担着塑造民族品格、提升民族凝聚力和增强国际综合国力的重要历史责任,直接体现高等教育人才培养体系的性质和方向,反映研究生教育"立德树人"的根本任务。

特点二:研究生德育目标更明确。

现今高校培养的研究生应是高层次人才,是能够满足社会发展之需的个性化人才。我们应坚定"立德树人"的宗旨,把研究生德育摆在研究生教育的首要地位。同时,德育是教育的一部分,研究生德育自然也是研究生教育的一部分。故而,对于研究生德育目标来说,其应是明确而具体的,这样才能始终依循研究生教育的目标要求,选择合理的德育内容、适合的德育方法。具体而言,研究生德育的目标要始终被作为研究生教育目标的一部分来加以考量,要明确地将社会需要放在重要位置。具体而言,社会需要包括国家的政治、经济、文化等方面的发展需要。当这些社会需要转化为教育需要,就赋予了教育者和受教育者一定的责任,即受教育者能在德、智、体等各方面追求乃至达到社会的需要。正是在此意义上,德育目标是否科学,就取决于德育目标对社会需要的把握是不是全面、是不是正确和是不是深刻。社会需要的是人才,人才的素质,人才的道德素质都是多方面的。从这个角度来看,研究生德育目标应包括以下几个方面:有强烈的爱国主义精神;与社会主义形态相一致的人生观和价值观;以职业道德为重要内容的社会主义道德规范等。

特点三:研究生德育内容更实际。

德育的本质应是以人为本,自然和社会的客观原则和发展需要都必须被人所理解和遵循，通过人的内化过程，才能达到对人及人性的提升，通过满足社会发展的需要和个体发展的需要，才能促进个体的最终发展和提高。将理想与现实割裂开来的德育将是空洞的、低效的，甚至可能是负面的。由于历史的原因，研究生德育的内容曾过于超越现实。当今社会中存在着多元道德观念等现实情境，如果研究生德育仍采用过去传统的德育内容，将会导致社会发展的一些新道德观念不能适时地得到宣扬，更无法引导研究生的思想走上正轨。因此，研究生德育应该具有基础的、现实的目标和正确的价值取向，其德育的内容也应贴近现实生活、关注个体发展。

特点四：研究生德育方法更灵活。

研究生是一个较为特殊的群体，针对研究生的德育方法也应适应其特殊性。具体而言，研究生德育方法一方面应依据德育环境的客观要求来确定，遵循其内在的规律和受教育者的不同情况来考虑；另一方面，受教育者能达到的思想水平和道德层次不一致，有的人能达到较高层次并且能不断地进步，有的人只能达到较低的水平。因而研究生德育的方法应在具有全面性的基础上，重视个体差异性，培养符合社会发展的个性化人才。研究生的培养制度和培养模式多种多样，也决定了研究生德育的方法和途径的多样化。立足教育实践，当前研究生德育的方法和途径除了"思想政治理论课"渠道之外，还有教师指导、管理部门"三育人"途径和研究生会组织、党、团活动以及社会实践等途径和方法。

（二）研究生德育问题的呈现

近年来，我国考研人数和招生人数都在不断地攀升，研究生培养的质量问题和综合素质也成为社会关注的焦点，研究生德育是研究生培养过程中的重要环节，直接影响研究生的培养质量。但反观研究生德育的现状，其问题也是十分明显的。

1.从研究生德育的地位来看，我国高校对研究生德育重要性认识不足

我国高校在经过对本科生开展德育教育后，在德育的理念、机制、工作队伍和工作阵地几个方面都有了一定的经验积累。然而，在研究生德育的重要性上，依然存在着不少的误区。我们常说，要德才兼备，两者不可

偏废。但事实上，很多人对什么是人才，有很多的偏见或误解，最突出的表现即：重学历职称，却不问思想政治品质。他们认为，研究生已经成人，也许在专业领域，教师可以为他们解惑答疑，但在思想道德领域，随着本科生社会化的速度的加快和程度的加深以及非直读研究生比例的扩大，研究生已经有自己的独立思考能力，形成了自己的价值观念。所以，他们片面地认为不需要进行研究生德育，这造成不少高校存在着重智轻德的现象，从观念到行动都存在着严重的缺失，这样的局面严重影响了研究生教育质量的提升。

高校应从科教兴国和人才强国的战略出发，不仅要重视研究生科学技术的培养，更应重视其道德品质的培养。近几年研究生教育的竞争日益呈现出白热化的趋势，各方面工作重点都聚集在学位点的申报、师资队伍的建设以及研究生的招录工作上，还有一些高校的研究生教育的历史不长，但培养研究生的数量却增长迅速，高校疲于应付专业教育，对研究生德育工作几乎无暇顾及，更不可能思考探索具有时代特色并适合研究生心智发展的德育培养模式。

2.从研究生德育的机制来看，我国高校的研究生德育机制不健全，缺乏主体性和系统性

具体而言，我们可以从以下几方面来认识。①管理主体不明确。在很多高校中，研究生管理主体往往是研究生院（部），由它们集中管理，但由于各院系关系错综复杂，往往难以将各种关系梳理清楚，以致出现管理不到位，面对问题相互推诿的情况。而有的学校则采取二级管理方式，但往往较之本科生，研究生管理不受重视，流于形式，濒于放任。②管理制度不健全。一方面，相关的德育规章制度不健全，以致出现权责不清等情况。另一方面，与研究生德育有关的奖惩、激励和评估考核机制往往呈现一种空白状态。③由于相关机制的匮乏，研究生德育人员的配备上往往也是问题重重，如没有专职的研究生德育人员等。

可以说，目前大多数的高校对研究生的培养方式仍然停留在"师带徒"传统模式，这种培养方式容易导致研究生集体观念淡泊，缺乏团结合作的意识，容易形成以自我为中心，以自身价值和自身利益最大化为导向的观念。导师作为研究生德育的主体地位没有得到明确，导师在研究生德育中

的作用也没有得到充分的挖掘，没能形成"全员育人，全方位育人"的良好氛围。研究生德育不单是导师或者是研究生教育部门的事情，而应是学校各个部门及社会的共同责任。但是社会对研究生德育的关注相对较少，研究生德育的经费投入和本科生相比也明显要少很多，对研究生德育问题具有前瞻性的立项研究案例也较少。当前的研究生德育教育中，德育与教学、科研和管理各自独立，没有将其有机地融合在一起，因而在教育的过程中出现了德智分离、知行分离的情况，德育也不是全方位教育的有机组成部分，被孤立于其他方面教育之外。

3.从研究生德育的环境来看，现还存在诸多薄弱和欠缺环节

我国高校的大多数老师具有很好的道德情操以及优良的品质，他们爱岗敬业、兢兢业业、忠于职守，默默无闻地坚守在自己的岗位上为党的教育事业做出贡献。但同时，我们也应看到，当前高校教师在作风方面仍有诸多薄弱之处，尤其是德育工作者在务实的表现方面尤为欠缺。荀子曰："师者，教之以事，而喻诸德也。"但教育与德育的割裂，使得一部分教育者可以堂而皇之地摆脱教育者角色的这种内在要求，专事"教之以事"而不"喻诸德"，甚至为了"事"而牺牲"德"、损害"德"。在社会经济高速发展的浪潮中，目前高校存在着"三风"现象：一是"功利之风"。被利益和彼此回报所驱使，导师成老板，见面比待遇；某些教师在涉及个人利益改革中，情绪波动激烈甚至产生过激行为；一些教师经不起诱惑，为"拜金主义""个人主义""享乐主义"等思想所腐蚀，较少地考虑本职的德育工作方面，考虑更多的反而是如何获取更多的额外收入，长此以往必然损耗其工作热情，影响其工作质量。事实上，高等教育领域爆发的多宗如"禽兽教师"之类的事例已经充分说明了这一问题。二是媚俗之风。通过课堂大讲星相学并在网络上将自己的课程炒作成"最具吸引力的课"；"天行健，学长以实力打倒高富帅；地势坤，学姐凭智慧战胜白富美"等劲爆、雷人迎新横幅；庄重毕业典礼上争相使用网络"潮语"，诸如"哥的犀利""姐的狂放""让子弹飞""童鞋们""有木有""泪牛满面""给力""神马""浮云""伤不起""word 哥"，引起各大媒体的围观。这些"潮语"虽然能够起到贴近学生、活跃气氛的作用，但如果过了头则有媚俗之嫌。三是浮躁之风。在社会转型时期，研究生由于对读研利益过高、过多、

过急的欲望一时得不到满足而产生一种心神不宁、焦躁不安、盲动冒险、总想投机取巧的心态和行为，一心希望研究生学历能在个人的教育和简历上增"资"添"彩"，作为今后工作和晋升的敲门砖。

4. 从研究生德育的目标来看，我国不少高校缺乏明确的德育目标定位

对于个体而言，德育的使命在于通过塑造学生健全的人格，对于国家而言，德育的使命在于维护社会的安全稳定，提升国民素质。目前来看，我国的高校研究生德育在以"知识为本"的理念指导下，强调知识的灌输，漠视了人的主体性。由于社会的不断变迁，研究生德育的标准也有所提升。学校和社会所构成的研究生德育的外部环境，要求我们用"学校人""社会人"来标示当代研究生德育的两种理念。回顾我国学校德育，长达几十年来"应试教育"的模式就一直被学校沿用，教育目标走向"成才"而放弃对学生本身个性化的培养，特别是如今的高校德育呈现出一种以理论灌输为主的教育模式，学生的道德情感、意志和行为习惯的培养则受到忽视。而传统的德育模式很难将"学校人"和"社会人"有机统一。总之，学校的培养目标定位不清会导致其教育的重点不突出，只有具备清晰的德育目标和有效的德育手段才能达到期望的德育效果。

5. 从研究生德育的内容来看，我国高校的研究生德育内容空泛，缺乏时代性

德育是一个庞大且系统的工程，包含着诸多的因素。从理论上讲，德育就其本意来说，应是紧贴人们生活实践的，而其一旦脱离了时代的发展现实和受教育者的心理和需求，便在根本上悖逆于德育的本意，更不可能达到德育的目标。事实上，在过往的研究生德育中，往往有内容空泛，侧重和固化思想的理论灌输和说教等倾向，这势必与国内外的现实发展趋势和研究生的生活实际相脱离，缺乏针对性、现实性。在高校德育实践中，德育往往充当了"救火队"的角色，社会需要抓什么，德育就抓什么，强调社会的需要，忽视了研究生个体利益和个性，没有从完善个人道德情感、正确的道德行为选择方面进行培养。由此，这将很难引起研究生的参与兴趣，进而将极难实现德育的目的要求。

总的来说，当前高校的德育内容普遍形式化，研究生德育内容亟须与时俱进，与国内国际的形势紧密结合。

6.从研究生德育的方法来看，我国高校的研究生德育途径不通畅，缺乏多样性

灌输法是德育过程中一个传统方法。传统研究生德育采用的是以教师为主导地位的灌输模式，束缚了学生主体性的发挥。这种单向的灌输对已经具有一定的独立的研究和思考能力研究生们来说，无疑是会阻碍他们独立的思索。近年来，教育界与学术界普遍达成共识，认为"灌输"是长期以来教师教育方法贫乏的一个客观体现，也是教师实施的一种不恰当的德育方式、方法。

按教育学的一般规律来看，教育的主客体之间进行双向有效的沟通才是取得良好教育效果的前提。通过反思，我们不难发现，诉诸填鸭式的教育，苛求在短期内实现较好的德育效果，这种追求显然悖逆于研究生道德发展的必然规律，无疑是一种急功近利、极其短视的德育方法。与此同时，高校还往往忽略了研究生社团、党支部和研究生会等德育途径的作用价值，使之与其他德育路径缺乏有效的勾连与组织，使当前研究生德育处于困境之中。

（三）自媒体与研究生德育的关系

自媒体的发展历史并不长，它既然是一种不同于以往媒体的新型媒介，我们就不应简单地把它当作一个单纯的信息传播途径。正如前面所分析的那样，自媒体有着不同的类型，每种类型有着不同的特征，每种特征又都能对大学生产生利弊影响。正因为如此，自媒体与研究生德育必然存在某种复杂的关系，这里我们将分别站在自媒体和研究生德育的角度来深入分析两者之间的内在联系，分析两者之间的多方面影响，以便为更好地为自媒体时代下研究生德育困境突破进行深入探究做铺垫。

1.自媒体是研究生德育的发展机遇

较之传统的德育媒介，自媒体的应用与推广对研究生德育发展影响是多方面的。自媒体为研究生德育的发展提供了更好的发展平台，从德育渠道、德育内容及德育方法等方面推动着研究生德育的现代发展。

（1）自媒体：培养研究生德育的新渠道。

传统媒体时代，德育的养成倾向于依靠他人的灌输性教育、人们交往

之间的言传身教。不同于课堂知识的摄取，研究生道德的形成并非一步到位，而是要经过一个道德认知，情感、意志和行为的缓慢转化过程。对于研究生道德培养来讲，道德的"知情意行"转换过程需要实践才能使道德真正地内化于心，外化于行，只有这样才能取得较好的德育效果。自媒体作为新时代的产物，它的出现恰好为研究生德育的培养提供了不受时间与空间限制的可能。

从前面所述来看，自媒体具有话语权下移的特征，也就是通过自媒体技术，使沟通平台打破了时空的限制，其虚拟性不仅仅让自媒体人获得充分的话语自由权，还促进了人际间的即时交流，这种交流跨越年龄、时间、区域、种族、国家等界限，大大提升了人际间沟通的实效性、便利性。在虚拟世界的平台上，人们不再陌生、不再羞涩，自媒体人自由地表达诉求。目前来看，我国高校的研究生德育模式大多仍采用单一的说教为主的灌输式教育，即通过课堂或是面对面地进行教育，这样难以引起学生思想上的共鸣。德育不同于智育，德育效果是难以通过被动式的接受知识教育来发挥的，由此可见传统的德育模式在这个表达诉求强的时代是难以立足的。

现今，自媒体的广泛发展拓宽了研究生德育的发展路径，为推动研究生德育的全面发展提供了契机。相比其他群体，研究生的表达欲望是极为强烈的，他们对事情有着独特的看法和见解，大到国家大事，小到日常生活的鸡毛蒜皮之事。如何解决研究生的诉求表达欲望呢？自媒体当然是其最好的表达平台。而这种情况下，社会、家长和学校应及时意识到自媒体平台出现的机遇，把自媒体平台作为对研究生进行道德教育的道具。特别是对于研究生德育工作者而言，他们更应面对自媒体带来的机遇，紧抓时代良机，主动去了解、认识并掌握自媒体文化及其技术，迅速开辟并占领自媒体德育新领地。

自媒体作为研究生德育发展的新渠道也有其特色所在。①自媒体平台上信息传播的内容更为简洁化、个性化。不像以往单一、枯燥的德育模式，自媒体用其文字、声音、视频、图片等呈现德育内容，不仅丰富了研究生的德育形式，而且改变了研究生对德育枯燥无味的看法，提升研究生德育的乐趣。②自媒体渠道是多向的，而非单向的信息传递。众所周知，大众媒体，如电视、收音机等这些都属于单向的信息传递。在电视的传递中，被整合的信息以媒体的角度展现出来，人们对整合了的信息被动地接受，无双方交流、无信息反馈。然而自媒体的双向甚至是多向性使得研究生的沟通交流多样化。自媒体的信息交流方式能够使受众不再处于一种被动的接收状态，研究生只要具备现代的通信工具，具备连接互联网的条件，就可以自由地点击浏览自己喜欢的网页，收集自己感兴趣的信息，并发表自己的评论。其实这样看来，研究生接触自媒体的过程实质上就是一个不断学习、不断接受虚拟教育的过程。由于研究生有着极强的自主性，这些在一定程度上影响了研究生的思维方式，使得原来的单向思维逐步向开放的多项思维转变，影响了研究生的生活方式，使原来的小圈子交流逐步走向自媒体中的多向交流。

（2）自媒体中具有丰富的德育内容。

研究生德育内容是复杂的、多方面的，包括思想政治内容、学术道德内容、心理健康教育内容、就业教育等内容。由于研究生德育是多方位、多层次的，唯有这些内容相互融合、相互作用，才能共同促进研究生道德的全面发展。从我国德育发展历史来看，德育自古以来都是教育关注的重点。在积淀了五千年历史的文化后，我国孕育了至今最为优秀的道德文化，并深深地影响着一代又一代大学生。但德育内容并不是一成不变的，而是随着时代的发展而变化。在我国，研究生是道德文化的受益者，也是道德文化的传承者，了解道德文化，培养自身道德修养既是研究生的义务，也是研究生良好人格养成的责任。在时代变化发展的背景下，丰富研究生德育内容既是社会、学校、政府的责任，也成了研究生本身传播传统文化的责任。

现阶段，我国高等教育大众化已成趋势，大学生数量的增长逐年加大。而与本科生不同的是，研究生群体不仅仅要发论文做科研，也要准备找工作。面临着科研与就业双重压力，研究生的德育状况，甚至是身心健康都受到了极大影响。然而在现实生活中，学校里研究生阶段的德育内容却大多与本科阶段的德育内容一致，甚至高校不少德育工作者存在这样的误解，认为研究生既然已经具备了较高的文化水平，同时也应该会有较高的道德修养。种种误解导致研究生德育内容难以适应目前自媒体时代的发展，造成研究生德育内容出现种种状况，具体表现为贴近研究生生活实际的德育内容极度缺乏，如学校研究生德育内容脱离实际，缺乏基本的学术道德教育、心理健康教育、就业教育等与研究生密切相关的内容。这种状况使得现今高校研究生德育内容枯燥、无味，极难调动研究生提升道德修养的兴趣。而一旦研究生德育模式走被动教育的道路，那研究生德育的效果也将大打折扣。

要想获得好的德育效果，丰富研究生德育内容是重点。在这个层面上，自媒体的出现自然成了丰富研究生德育内容的温床。①自媒体信息传播模式丰富了研究生德育内容。有人说，自媒体是一场网络时代的技术变革，因为它赋予了信息传播的新生命。比如，某些特殊话语能够通过自媒体轻松地用图画完整表达其含义；难以得到关注的事件通过自媒体而受到众人的监督；枯燥无味的理论能够通过自媒体的大众化解读让人轻松理解。这些都得益于自媒体信息筛选自由、信息传播范围广、信息获取量大等特征。②自媒体的传播理念丰富了研究生德育内容。自媒体最为重要的特性是赋予了人们说话的权利，尊重每一个人的发言权。在自媒体平台人人平等，没有国界的限制。全球优秀的文化通过自媒体平台共享至每一个自媒体人，研究生也能通过自媒体平台随时随地了解国内外的形势，了解政治、经济、文化等方面的信息，丰富研究生德育的内容。最后，研究生们能够在这个平等的平台无阻碍地交流，他们能够对一件道德事件发表真实的言论，甚至还能够展开激烈的争辩。这个过程本身就是不断深化研究生德育内容的过程，特别是现今的自媒体技术对声音、图像、文字等方面的较高处理能力和效果，也能极大地帮助研究生更好地理解、吸收道德教育的内容。可以说，在自媒体的帮助下，研究生道德境界的提升无疑有了十分坚实的基础。

（3）自媒体技术能够有效提升德育效力。

随着党的十八大报告中"立德树人"教育根本任务的提出，高校教育发展的主流价值方向逐渐由重视智育转向重视学生的全面发展，尤其是学生人格的培养。目前高校的研究生德育出现了一系列问题，包括轻视研究生德育的发展地位、缺乏健全的德育机制、缺乏务实的德育工作者、缺乏明确的研究生德育目标、研究生德育内容空洞、研究生德育方法单一等，这些问题使得研究生德育陷入发展困境，出现了上有好政策，下面却难以执行的状况。如何面对并解决这些问题一直是困扰研究生德育工作者的难题。现阶段，高等院校开始重视研究生德育的培养，重视研究生的全面发展，为此，寻找解决研究生德育困境的突破点正是研究生德育工作者目前急切的工作。而研究生德育是否有效，有什么样的效果，在短时期内我们难以得出明显的结论，因为教育本身就是一项长期性、收益缓慢的投资。

有人认为日前新媒体技术的发展改变了一个沉默的时代，成就了一个敢于发声的新时代。在这里，研究生能够通过基本的现代网络社交工作进行沟通交流，如微博、微信、QQ 空间，这些看似简单却能够营造一个虚拟世界的社交工具已经普遍融入研究生的生活与学习中。反之，以往高校的传统研究生德育工作方式和德育内容不再很好地适应新媒体时代迅速发展的变化，因为在新媒体的时代，信息源广泛、传播迅速、信息量庞杂、覆盖范围大、信息影响大等自媒体具备的特征已明显影响到研究生价值观的形成。目前我国高校的研究生培养仍普遍采用导师负责制和集中培养相结合的形式，前面提到，随着研究生招生规模的扩大，研究生导师所带的学生日益增多，这也意味着导师的责任日益重大，而平均花在每一个学生身上的时间就因此缩短。从导师负责制来看，导师是研究生教育的第一责任人，也是研究生道德培养的首要负责人。可事实上，由于高校科研要求的不断提高，部分导师在完成科研任务的基础上，基本的专业知识的指导都成问题，更毋论有针对性地对研究生进行道德教育了。

自媒体技术的广泛应用为这一切带来福音，是提升研究生德育效力的催化剂。①在高校，导师对学生的指导因时间、距离等因素难以实施面对面交流的方式，加上导师与学生接触的时间有限，无法做到对学生的态度、价值观、素养有较为清楚的了解，为此自媒体的不限时间、不限地点的特征就为导师带来了福利。通过自媒体技术，导师能够及时了解学生的动态，能够及时与学生取得联系，能够通过发表文字、图片等信息正确引导学生未来发展的方向。由于在这个虚拟世界里，人与人本来就没有界限。或许在与导师的自媒体交流过程中，学生能够忘掉研究生导师的权威身份，能够用一颗平和、真诚的心去与导师交流、沟通。导师也能够利用自媒体平台言传身教，发表感言并与学生共同讨论。②高校德育工作者能利用自媒体平台占领校园舆论新阵地。以往的高校德育工作者多采用集中在课堂上一对多授课和名人的讲座方式，当学校要宣传价值观理念时，还需要通过纸媒、大众媒体等传播新的理念。而现今，我们进入新时代，这种格局发生了极大变革。高校利用自媒体能够积极增加与学生之间的交流互动、能够整体上了解研究生的道德发展现状、能够迅速占领校园舆论新阵地。可见，自媒体技术的发展不仅仅是一种媒体技术上的进步，也是促进研究生德育发展，提升研究生德育效力的催化剂。

2.研究生德育是自媒体时代的教育应对

自媒体时代是历史长河中的一个转折点，它以适应现代人简约生活的方式，本着"人人都是媒体人"的理念掀起了一股追求自我释放的价值潮流。这股潮流由简单的日常生活逐渐渗透到学习、工作中，甚至日益影响着人们价值观的形成。当然，研究生作为一个追求自我发展的高素质群体，受自媒体生活的影响实属正常现象，却也带来研究生人格的全面发展面临极大外界挑战的问题。从挑战的来源来看，不仅仅是来自社会外界，也源于学生自身及学校环境的挑战。自古以来，德育就是学校教育关注的重中之重，研究生德育更应是学校不容忽视的教育环节，其不仅仅是研究生健康人格养成的需要，更是国家稳定发展进步的要求。

（1）整合自媒体的多元价值。

哲学中强调物质决定意识，经济基础决定上层建筑，价值观作为一种受物质决定的意识流，无时无刻不受到经济发展的影响。梳理我国历史，计划经济时期，人们的思想受政策统一指令的影响呈现出落后、封闭的状态。之后，社会主义市场经济制度确立，国内人民的物质生活质量得到了巨大的提升，思想由封闭走向开放，由单一走向多元化。但与此同时，市场经济的诸多问题也一一体现出来。构成了社会多样化的景象，呈现出一种"多样化"的特质，如经济构成的多元化、生活方式的多元化、工作方式的多元化、思想态度的多元化等。

社会生活的多元化发展态势呈现在每一个人的面前。现代科学技术的快速发展在改变人类生活的同时，也引起人们的精神领域的巨大改变，人们的思想不再限于封闭的范围，而是逐渐变得开放、多样，进而极大地冲击人类固有的思想道德观念。

回归到物质与意识的关系中，在物质决定意识的同时，意识也反作用于物质。人类固有思想道德受到冲击，必然会引发人们价值观的变化，而价值观的改变将直接影响人们的生活方式。价值观不是唯一的，当受到多元化环境冲击后,价值观也呈现多元化发展的趋势。价值观的多元化有利有弊,一方面能够丰富人们生活,促进社会的发展;另一方面可能造成人们价值观的迷失,甚至失去价值信仰。现阶段,我国一直在为建立教育人力资源强国的目标而努力,这种努力不是局限于一种封闭性的价值观,而是需要创新意识、需要打破以往封闭的僵化思想。多元化的价值观是培养创新意识的福音,可市场经济的发展也带来了一系列的价值扭曲,如果缺乏正确的引导,将难以整合出为社会做贡献的正能量。

自媒体即是现代科技的一个构成部分,它作为当前社会信息传播的新载体,为越来越多的人所接收,成为他们获取知识、传播信息的工具。可以说,自媒体向社会生活的全面渗透使得人们固有的交往模式发生了巨变,减弱了社会生活中人与人之间的道德约束力,亦使人际间的情感纽带弱化、群体意识淡化,造成固有价值体系的崩溃、价值多元化的持续发展。事实上,我国的自媒体技术相较于西方国家的先进技术还是比较落后的,这会导致西方发达国家利用先进的自媒体技术来传播其价值观念、意识形态以及生活方式等。例如,西方反华势力往往利用新型的传播渠道向我国渗透、宣扬资产阶级观念,甚至歪曲事实,颠倒黑白。无疑,这些都极易破坏研究生已有的心理层次的思想观念、文化观念和价值观念等,甚至导致研究生产生扭曲的意识行为,对研究生形成正确的人生观、价值观、世界观产生不良的影响。

要使研究生形成正确的价值观念,德育是保证。前面提及研究生德育具有推动社会的发展、培养优秀人才、弘扬中国传统文明的意义,这里则从更细化的角度,即研究生本身的发展来看,研究生德育是基于培养研究生完善人格的目的而发展的,其不仅仅帮助研究生养成高尚的道德品质,也能指导研究生在遇到价值观念冲突的时候能够正确地面对并做出正确的选择。

由于自媒体带来了庞杂的信息量,各种极为复杂的价值观借助不同的传播源头、传播渠道进行表达、扩散和发酵。任何在自媒体平台登录的人都能够接触到浩如烟海的信息,摄取到各式各样的信息。目前自媒体的商业化让研究生的价值观带有浓重的商业味道,形成一种"经济利益至上"价值理念,失去了以往的"集体主义"价值取向,似乎任何有利可图的事情都做,对无利可图的事情视而不见。一旦这种价值观成为研究生主流,则会影响整个研究生教育的发展。为此，如果能借助自媒体的发展，利用研究生德育这一途径，对症下药，对研究生德育的养成进行全面、积极的干预，对研究生的道德发展进行正确的引导，势必能在某种程度上缓解自媒体时代对研究生道德发展所带来的冲击，消弭研究生价值多元化的弊端。

（2）去除自媒体的不良诱引。

自媒体技术广泛应用带来的影响是双向的，它所具有的开放性、全球性、交互性和及时性等特点为人类的发展带来极大的便利，同时也带来了"网络疏离症""网络上瘾症"等类似的副产品。顾名思义，"网络疏离症""网络上瘾症"等都是因沉迷于网络而产生对网络极度依赖并影响其正常生活的症状。虽然研究生学历高，有着较为良好的学习和生活习惯，但不可避免的是高校仍存在带有这种症状的研究生。他们因科研和工作的双重压力，在现实世界中得不到自我释放，恰好自媒体的出现为他们追求自我提供了良好的场域。于是，他们在自媒体中构建了一个虚拟世界，在这个世界中，他们表达自我诉求、展现真实自我。然而回归到现实社会，他们则远离现实，甚至害怕现实。这些现象会导致研究生不同程度的心理错位、行为异变甚至是生理失调，严重影响其现实生活。尤其是自由支配的时间较多的研究生，有些研究生不求上进，沉迷于自媒体的虚幻世界不能自拔，已经严重影响和改变了自己的生活方式。有些研究生终日手机不离手，将大量的时间和精力投入在自媒体技术上，过分沉迷于自媒体平台所创设的虚拟社区，不关心现实世界，一旦回到现实生活便会产生孤独、恐慌、忧虑等情绪，已经严重影响到了正常的人际交往和互动，甚至会导致人格异常和心理障碍。

除了因沉溺于网络而出现了较为严重的心理问题外，自媒体平台上鱼龙混杂的信息也容易造成研究生思想上的混乱。他国借助自媒体向研究生进行文化入侵也浸润腐蚀了他们，如研究生群体中出现向他国出卖国家机密者。西方国家的文化入侵使得研究生质疑自己已形成的价值观念，甚至动摇自己固有的道德品质，使他们对原来稳定的传统文化产生趋异和分裂。一旦研究生未能坚守住应有的价值理念，在面对西方等国家的"糖衣炮弹"袭击时，便极易改变自己的价值观念，形成"利益至上"的价值观，最后做出出卖国家利益等违法行为。在自媒体平台上，西方国家的文化入侵对我国研究生价值观的养成是极为不利的。当然，研究生价值观的养成是内外因相互作用的结果，外界对研究生价值观的影响是外因，研究生自身的价值取向是内因。由于内因决定着事物的变化发展，则研究生自身的价值取向仍是克服一切外界不良诱因的关键。也正如前面所讲，德育是根本。

为此，要抵御自媒体平台上的不良文化入侵，最好的处理办法是提升研究生的道德水平，对研究生进行形势和政策教育以及向研究生群体弘扬我国优秀的传统文化。具体来看，高校的形势与政策教育可以使研究生了解最近的国内外形势的发展现状，了解我们党和国家重大方针政策，它是对研究生进行思想政治教育最为直接的方式；社会形势和政策的教育能够培养研究生群体关心国家、关心世界的政治责任感，使研究生坚守"爱国"的社会主义核心价值观；弘扬优秀的传统文化能够帮助研究生抵御西方外来不良文化的侵蚀、提升研究生的内在道德修养。高校德育工作者可借助自媒体发展的契机，充分利用自媒体覆盖范围广、穿透性强、影响力大的优势，在自媒体平台中加快对学生的相关教育，引导研究生树立正确的人生观、世界观和价值观。

（3）敞显自媒体中的隐秘空间。

人们热衷于自媒体，究其原因，在于自媒体的匿名性。在自媒体平台上，人们可以畅所欲言，随意发表自己的言论，甚至不需承担责任。这个言论自由性较强的世界吸引了很多人的加入。对于绝大部分学生，自媒体是他们的隐私所在地，也只有在这个世界里才能真实地表现自己。

研究生具有智商高、独立思考能力强、对他人依赖性低的特征，他们有想法、有思考，对待新事物不是去被动地接受，更重要的是主动地去探索、了解，而作为面临着科研和工作双重压力的群体，他们更为迫切地需要一个缓解精神压力的隐秘空间。空间隐秘，更重要的是似乎不需要承担任何责任。在这里，人们似乎能做任何想做的事情。比如，新浪微博平台，需要进行实名认证，但仍然存在大量未用实名又未认证的人群。而相比之下，那些得到实名认证的名人更为重视发言的责任感。

作为研究生这样一个高智商群体，学校的德育模式早已不适应自媒体时代的发展，甚至落后于时代的发展。一旦研究生德育模式落后，研究生德育的吸引力就会降低，研究生培养道德的兴趣就会因此下降，最后导致德育效果大大下降，因为德育效果要产生作用，还需要各因素的整合。

结合前面提到的自媒体特征来看，自媒体时代为研究生提供了广阔的沟通平台与展现舞台。这个平台为研究生的自主筛选信息提供了便利，他们能够在自己的隐私空间选择自己认为正确的东西，能够以匿名的身份与人沟通交流，随心所欲地进行网络行为。政府、社会各方监管的缺失助长了发生在自媒体平台上的许多不道德行为，甚至是违法的行为发生，如微博互骂、微信上的相互欺骗。德育是根本，能够从研究生本身出发，引导研究生培养较为全面的人格。在这里，通过研究生德育，我们可以对研究生在自媒体中的道德行为进行敞显，让研究生在提升道德自觉中积极暴露各种不道德行为，从而有助于学校和政府对研究生道德的纠偏。具体到学校的措施上，构建新型的德育模式可以运用现代化的传播手段，打破传统的德育"灌输"的模式，定位于师生、生生之间的"平等对话"。同时，研究生德育工作者能在学校的支持下，建立一个由宣传部、研工部、团委、研究生会、研究生社团以及研究生群体积极参与配合的校园文化活动的工作网络，激发研究生群体参与校园文化活动的兴趣。除此之外，高校还可以通过加强和完善校园自媒体平台的建设和管理，建立一个集思想性、知识性、趣味性和服务性于一体的自媒体德育平台，满足研究生的思想上的需求。这一平台能在充分重视研究生自主空间的同时，及时地关注研究生的思想动态，研究生德育的内容和形式也由静态变为动态，由抽象变为形象，增强了德育的吸引力，形成正面的校园信息导向，延伸了德育的时间和空间，形成"网上网下"共同起作用的研究生德育的合力。

3.自媒体和研究生德育的矛盾统一关系

通过从自媒体、研究生德育两者的角度分析，我们可以大致推断出目前自媒体与研究生德育的发展存在着矛盾统一的关系。

（1）自媒体的积极性特征推动着研究生德育的发展。目前研究生德育的发展是要逐渐改变传统的德育发展模式，充分借助自媒体的信息传播特点、自媒体平台传递的理念来创新现今的研究生德育发展模式。首先，自媒体信息传播的范围广，能在研究生群体中弘扬积极向上的社会主义核心价值观等理念，特别是能够通过小故事、图片等正能量的事物来宣传正确的价值观；其次，自媒体的话语权下移激发了研究生的主体意识，使得研究生由德育的受教者转变为德育的主体角色，让研究生能够真正地学会自我教育、自我管理，进而达到人格的全面发展。

（2）自媒体的消极特征制约着研究生德育的顺畅发展。研究生群体是心智尚未完全成熟的学生群体，其价值观仍有极大的可塑性。随着自媒体的发展，自媒体的信息失真性使得研究生对基本的道德规范产生怀疑，失去了对传统文化的尊重。同时自媒体信息的碎片化导致研究生难以收集到完整的道德文化信息，特别是使得研究生不易捕捉到传播的道德理念。最后，自媒体信息的低俗化降低了研究生的审美鉴赏能力，使得研究生质疑高尚的文化，造成研究生对高尚的审美价值产生误解。

（3）自媒体为研究生人格的养成带来阻碍，同时也为研究生道德的培养营造了良好的环境。自媒体平台上多元价值观盛行，传递的信息良莠不齐，特别是社会的主导核心价值观往往受到多元价值观念的冲击，使得主流核心价值观容易被杂音给淹没，甚至一定程度上扭曲了主流价值观念的真正内涵，使研究生人格的培养陷入困境。同时，不可忽视的是，自媒体平台上提供的社交功能、政治参与功能、社会监督功能又为研究生道德的培养营造了自由、和谐的氛围，这种氛围所体现的理念本身就是研究生德育所应培养的。

（4）正确处理好自媒体与研究生德育发展的关系。自媒体是科技发展的产物，对研究生德育的发展有利有弊，我们不能盲目借鉴，也不能全盘否定。如今我国高校的研究生德育具有自身特征，且存在很多难以解决的问题。为此，要正确地面对且处理这些问题，还应该有针对性地利用好自媒体这个新平台，辩证地对待自媒体对研究生德育发展的影响。尤其是针对自媒体对研究生德育发展的阻碍因素，我们不应逃避，而应寻找方法，因势利导。唯有这样，研究生德育才能破解困境难题，借助自媒体平台来促进研究生的全面发展。

三、自媒体时代研究生的道德发展现实

要准确地把握自媒体时代研究生道德的发展现状，我们必须从研究生道德的发展规律出发，结合时代特点，进行深入辨析。一般而言，论及人的道德发展规律，可从"知、情、意、行"诸方面切入。具体而言，人的道德的发展包含着"知、情、意、行"四个基本要素。所谓"知"，即道德认知，指的是人们关于善恶、是非、美丑等方面的认知与判断。在人的道德发展进程中，"知"起着先导性的作用，对其他的三个基本要素的发展有着基础性的价值。例如，在诸多的情境中，人在道德方面的判断直接

影响着人们的行为实践。"情",即道德情感,指的是人们对一定的道德关系或者个体道德行为等所产生的爱憎、好恶等情感。可以说,"情"是在"知"的基础上发展起来的,但它亦是"知"进一步深化的内在动力,是"意""行"得以发展的驱动。例如,"情"的参与,能让个体对"知"更有认同,对"行"更有动力。"意",即道德意志。事实上,关于道德意志的内涵,学术界争论较多。而大家比较认可的是,道德意志是个人实现其道德感情和道德愿望的整个心理过程,就是个人道德愿望转化为实际伦理行为的整个心理过程,就是一个人的伦理行为从心理、思想确定到实际实现的整个心理过程,就是个人的伦理行为动机从确定到执行的整个心理过程,就是个人伦理行为目的与手段从思想确定到实际实现的整个心理过程。"行",即道德行为,是人们在一定的道德影响下的、有目的的外在行动表现,它是道德发展的外在性、阶段性标志。也就是说,"行"具体体现了个人的道德发展水平。事实上,亚里士多德就强调德行的实践性特质。由此,我们将从"知""情""意""行"四方面深入,对相关问题进行深入辨析。

(一)自媒体时代研究生发展的总体特质

一般来说,人的一生可以划分为七个阶段,即胎儿期、婴幼儿期、儿童期、少年期、青年期、成年期和老年期,而研究生正处于青年期晚期、成年期早期这一时间段内。处于这一时间段的研究生自有其特质。我们可以从群体的社会要求、生活状态以及个体的生理、心理等方面来进行全面的认识。

1.社会期望较高

随着研究生群体年龄的增长、学历的提升,社会对于他们的要求也在不断提高,从接受本研究访谈的几位对象的回复中可总结,这些要求主要体现在以下几方面。

(1)科研要求。到了研究生阶段,研究生既是学生,也是一个准科研工作者。在此阶段,研究生既要修满一定的学校规定课程,进行知识学习,也要承担一定的科研任务,尤其对于博士研究生来说,更须承担着较多的科研任务,如参与导师的课题研究、自己申报的课题研究等。

（2）交往要求。到了研究生阶段，研究生的交往要求较之本科生更高，一个典型的要求即是处理好和自己的研究生导师之间的关系。因为较之本科生，研究生从进入此一学习阶段开始，就始终跟随导师学习、研究，受导师各方面的影响极大，他们关系的亲密程度甚至超过研究生与学校、与院系之间的关系。根据所访谈的对象来看，所有的访谈者都认为研究生与导师是亦师亦友的关系。当然，除了和导师之间的关系之外，社会对于其与他人之间的要求也趋于增高。作为高层次人才，社会对于研究生群体的期望或者需求随着时代的发展而不断加强。

2014年"两会"期间，全国人大代表、中科院院士崔向群，全国人大代表、江苏阳光集团董事长陈丽芬亦在人民网论坛开展话题讨论，从工作单位及公司发展前景角度分析，当下对于研究生的科研素养（如基础理论的娴熟运用，动手能力等）以及人际交往等综合能力（如如何妥善处理人际交往中出现的矛盾等）要求不断提升。

2.生活状态多样

由于研究生来源的复杂性，研究生群体中人的生活状态的差异性是比较大的。

（1）年龄多样。一般而言，研究生年龄在22岁以上，某些博士研究生年龄甚至在40岁以上。由于年龄的差异，人与人之间的生活状态差异较大，如有些人已婚，而另一些人还未婚。所面临的问题也不尽相同，如有些人已经开始操心家庭的责任问题，有些人还在为自己的婚恋问题而担忧。2010年，浙江××大学一名应届硕士毕业生在接受浙江在线的采访时提及，班中18名女生在毕业时全部处于单身状态。针对这一问题，中国妇女研究会副会长董芍素甚至建议将女孩入学年龄提前至5周岁。

（2）交往多样。研究生与本科生生活状态的一个重要差异即是思想相对成熟，"三观"更趋理性，社会参与度不断提高；尤其随着年龄的增大，经济、婚恋等方面的压力迫使着研究生不断扩大自己的交往圈。这样的话，研究生较之本科生在交往层面更趋多样化。

3.自我意识成熟

所谓研究生的自我意识，一般指的是研究生的自我认识，如自我感觉、自我分析、自我评价、自我控制、自尊心、自信心等。可以说，自我意识是比较复杂的心理结构，是人进入成熟期后的发展结果。总体而言，研究生的自我意识主要体现在以下几方面。

（1）独立性较强。随着研究生在身、心等方面日益发展，其独立生活和处理问题的能力愈强，能够相对独立乃至完全独立地处理自己的各项问题。如在学习方面，研究生一般能较强地独立完成自己的科学研究任务，形成自己的独立学术见解。在专业知识转化为实践能力上，研究生们对此也有自己深刻的见解。以西安某大学一批研究生的实习体验为例，穆某的工作内容是用真空排污车和蓄水车给移动公厕进行排污、注水，这项可以说是"又脏又累"的工作让他为自己更快地走入社会积累一些经验，了解行政事业单位的运作方式。在环卫站的日常工作中，他学会体谅实习单位的难处，认识到自己的能力也达不到一些工作的要求。而在最后的实习体会中，更是得出"学会面对普通人最平常的工作，经得起磨炼，亦经得起平凡"的自我总结。

（2）自尊心较强。到了研究生阶段，多数人都有着一定的自豪感，有较强的自尊心，他们对自己的科学研究、独立生活等能力都有比较高的评价，都渴望通过研究生阶段的努力学习提升与显示自己的才华，从而得到大家的认可。最为典型的实例便是研究生们对于"延期毕业"的看法，多数研究生认为"被延期"实在"丢面子"。2013年，《文汇报》就这一话题开展新闻调查，"从小到大我都是众人眼里的高才生，一想到可能会延期毕业，实在没有勇气跟家人讲，他们也不能理解"，其中一名被调查的研究生如是回答记者。

（3）自控力较强。随着年龄的提升，接触社会的机会增多等，研究生愈发意识到自己不仅仅是受教育的对象，也是社会的一分子，有自己的责任和义务。因此，在此一阶段，研究生普遍有着一定的自控力，能够按照社会道德规则等调节和控制自己的行为等。访谈学生E就认为：从我的角度认为，加强自己在网络平台上的责任意识是最关键的，对自己在自媒体工具上所讲过的话负责，对所转载的东西负责。如果把自媒体当作一个没有约束和规范的虚拟世界，那么必然会导致谣言满天飞，甚至成为一个充满谩骂宣泄甚至污言秽语的垃圾筒。这种自控力的增强既是时代的要求，又是研究生自我教育的开始。

（二）自媒体时代研究生道德认知的发展

人的道德的发展不是在真空中完成的，其与日常生活本身有着根本性的关联。因此，人的道德认知的发展也是在参与实际生活，与其他个体互动、交往的过程中发展起来的。事实上，著名心理学家皮亚杰就一直强调，认知的发生发展是一种在主客体相互作用中连续不断的建构过程。道德发展理论奠基人柯尔伯格更曾指出：道德发展的动力来自个体与社会的相互作用。由此观之，自媒体对研究生道德认知的影响是毋庸置疑的。由此，在当前自媒体时代，由于外部环境的变迁等原因，研究生的道德认知发展无疑有着明显的特征，处处烙着时代的印记。

1.道德认知发展影响上的单一化

在自媒体时代，人类生活实现了巨大的改变，信息的快速传播与共享等，使人足不出户，不用进行面对面的接触即可进行人际沟通，了解当前的时事。访谈教师 D 认为：虽然自媒体给研究生带来了更好的交流平台，但这并不能说在研究生群体之中就形成了更好的交流氛围，有的人甚至变得更加"孤寂"和"谨慎"，这是因为他们在这个自媒体时代没有获得信任和安全感。为此，自媒体发展所产生的问题也是显而易见的，很重要的一点就是使诸多的沉湎于自媒体的研究生们逐渐沦为"手机控""微博控"，甚至变为一般人口中的"宅男""宅女"。在这样的生活状态中，研究生们的道德认知发展源极易单一化，即简单地只受到自媒体的影响。这样的话，他们的生活极易呈现出一种"非正常"的状态，如他们在自媒体的情境中，对时事发表评论、与好友分享心情、结交自媒体领域中的陌生人，但到了现实生活中，他们却往往沉默寡言、远离群体活动、疏于专业学习。这样的生活状态，显然不符合研究生道德认知发展的应然状态。因为，人的道德认知涉及个人、家庭、社会等多重范畴，当研究生将自己局限于自媒体领域时，难免遗忘了涉足其他的生活领域，这势必不利于全方位地、深入地实现自身道德认知的整体发展。

2.道德认知发展取向上的多元化

在自媒体时代，各种信息多元、复杂，呈现出一种极其纷繁的形态。由此，我们必须承认，由于自媒体情境中信息的纷繁状态，其在包含积极、健康内容的同时，也难免包含着许多的消极、不健康的内容。尤其在利益的刺激下，自媒体更易为某些消极、不健康内容所充斥。由此，自媒体中的信息在促进作为其受众的研究生的道德认知的全面发展的同时，也会有另一方面的影响，即其会对研究生道德认知产生消极、负面的破坏性作用。例如，在作为自媒体典型代表的"微博"中，有很多内容可以作为道德教育的资源，但与此同时，另一部分内容逃避了监督，隐秘乃至直白地宣传某些悖逆于社会主流价值，不利于受众道德认知发展的内容。当然，这也会影响到身处自媒体情境中的研究生。事实上，社会现实中的许多案例已然证明了此一判断。比如，自媒体在雅安地震报道中就非常活跃，一些网络名人的微博都转载了人们拍摄的灾区救援照片，不仅让人们更多地了解地震情况，也传递了团结、互助等正能量，营造了一种"大难面前，人人有责"的网络氛围。由此观之，由于自媒体环境的高度复杂性乃至价值取向上的多元化，身处其中的研究生，在道德认知发展上难免也受到影响，呈现出一种多元化的发展态势，既有积极、正面的取向，亦有消极、负面的取向。

3. 道德认知发展认识上的无思化

在自媒体的情境中，各种各样海量的信息快速地传播。在这样的情境中，面对纷繁复杂的信息生态，如没有很好的引导与自我反思能力，很多的研究生往往无所适从，不知道如何选择，很多人还未对相关信息进行深入思考和判断，就将自媒体上传递的信息简单、直接地转化为自己的观点，甚至以之为自己认识、解决问题的指引。这样，自媒体巨量信息生态下的研究生信息接收与认识上的囫囵吞枣，最终势必导致研究生道德认知发展受到阻碍。故而，简单、直接地接收信息，将使人逐步丧失是非、善恶的判断能力。而另一种情况则是，面对开放的自媒体环境以及大量、快速传播的信息，价值生态呈现出一种多元化的现实。

在这样的情况下，研究生极易陷入一种价值困惑之中，乃至形成一种似是而非甚至相互冲突的价值观念，对一些道德问题缺乏一种深入的思考与探询，呈现一种无思化的状态，最终导致研究生在道德认知发展上陷入困境。访谈过程中有好几位学生都认为许多违反学术道德的研究生并不是不知道这种行为的后果，而是因为其他原因明知故犯，这种认知上的无思化严重影响研究生德育的发展。

4.道德认知发展要求上的放任化

新的时代有新的特点,自然也有新的问题,会对教育产生各种各样的影响。因此,社会各方面有必要进行一定程度的干预,以求正确地引导研究生道德认知的发展。尤其在当前这个有着浓厚功利色彩的时代,一些人为了迎合受众,利用自媒体的平台,传播一些色情、暴力等庸俗、低俗的信息,甚至传播一些严重触犯社会道德底线的信息。在这样的情况下,如果社会对其放任不管,势必导致作为受众的研究生错误地将其与社会现实生活相混淆,使其脱离于社会的合理道德约束,亦放任自身的道德认知发展要求。事实上,就当前的有关现实来说,社会、高校等方方面面还没有充分意识到自媒体时代对于研究生道德认知发展的巨大影响力。就政府而言,或许还没有很好地对自媒体中的各种有害于研究生道德认知发展的信息进行技术控制;就社会而言,还没有形成一种深刻的法制意识和公民责任意识,以避免成为利用自媒体传播有害信息的源头;就高校而言,没有利用学校课程建设等渠道来推进研究生的媒介素养教育等,以提升他们对于自媒体的认识,防止他们成为利用自媒体传播有害信息的源头以及自媒体中有害信息的受害者。

第三节　构建研究生德育绩效评价体系

研究生德育工作涉及面广,是一个系统工程,许多方面还需在理论与实践上加以研究和探索,其中德育绩效评价由于其自身的特殊性和复杂性,是研究生德育工作必须突破的难点之一,这既是个理论问题,也是个实践问题。本节就研究生德育绩效评价体系的构建问题做一些探讨。

一、构建研究生德育绩效评价体系的意义

对研究生德育进行绩效评价,是一个全新的课题。建立健全研究生德育绩效考评机制,是研究生德育工作制度化、规范化的重要环节,也是保证研究生德育工作责任制落到实处的一项根本措施,将为增强研究生德育工作权威性,强化研究生德育工作责任感,激发研究生德育工作活力,提

高研究生德育绩效，提供科学的制度保障。

（一）与研究生德育绩效评价有关的概念

要想构建研究生德育绩效评价体系，必须先弄清有关的几个概念。

评价（evaluation/appraise）是指为达到一定的目的，运用特定的指标，比照统一的标准、采取规定的方法，对事物做出价值判断的一种认识活动。简单地说，评价就是通过比较分析做出全面判断的过程。评价，作为评价人或事物价值的一种观念性活动，具有四种最为基本的功能：判断、预测、选择、导向。评价的目的是为了把握价值主体与价值客体之间的价值关系。评价的运作过程应包括确立评价的目的和评价的参照系统，获取评价信息，形成价值判断。任何一项评价都是定量与定性的结合。

绩效评价（performance evaluation/appraisal），又称人事评价、绩效评价、员工考绩等，是人力资源管理的一项重要职能活动，它处于人力资源管理的核心地位，人力资源管理的其他方面几乎都和绩效评价有关。它是一个按照一定的标准，通过科学系统的方法来客观测量和评定员工的工作行为和（或）工作效果的过程。通过绩效评价，管理者可以及时准确地获得员工的工作信息，并对员工提出绩效改进意见。同时，绩效评价工作行为本身，也会对员工施加某种工作压力，促使员工提高工作的努力程度以改进绩效，从而提高组织绩效。绩效评价是指识别、观察、测量和开发组织中人的绩效的过程。绩效评价的研究已有七八十年的历史。它是一种重要的管理工具。在人力资源管理实践中，绩效评价中的评价与考核、评估、考评等含义不完全相同，但在一般意义上，评价、考核、评估、考评等不再区分。本书取其一般意义。

德育评价（moral evaluation/appraisal）是学校德育工作中的重要一环。它是根据学校德育目标，制订科学考评的指标体系，在系统收集学校各种德育工作信息的基础上，运用评价理论与科学的考评方法、技术，对学校德育工作的运行状况和效果以及与德育活动相关的各种条件因素进行价值判断的教育实践活动。它不仅包括对学生道德品质的考评，还包括对德育工作部门、对德育工作者的考评；不仅包括对德育效果的考评，也包括对德育工作过程的考评。对学校德育工作进行科学的评价，可以及时反馈道德教育各环节运行的合理程度，从而为加强和改进道德教育工作提供科学的依据。

关于德育绩效评价（moral performance evaluation/appraisal）的内涵，至今尚无人定义。笔者认为，德育绩效评价有广义与狭义之分。广义的德育绩效评价就是德育评价，即对学校德育工作的过程与工作结果的评价。而狭义的德育绩效评价是德育工作整体评价中最重要的组成部分，它主要是以评价德育工作的对象——受教育者的思想行为的表现为主。本书所讨论的研究生德育绩效评价，取其广义。研究生德育绩效评价是高校研究生德育的重要方面，其蕴含着一定质的规定性和量的可变性。研究生德育绩效评价，就是指根据高等学校德育目标，通过系统收集德育工作各种信息、数据，对研究生德育过程和客观效果做出评价、判断、分析、反馈，以促进研究生德育工作提高水平的过程。

（二）研究生德育绩效评价的功能

绩效评价之所以成为研究生德育工作中不可缺少的重要环节，是因为它自身具备以下重要功能。

1.鉴别功能

通过考评，能真实地、本质地认识岗位人员。实践中，对同一个德育工作者往往有截然不同的认识、评价，而究竟哪一种评价公正、客观，这就要以其岗位绩效标准作为参照体系。通过绩效评价，才能消除主观印象、片面认识，比较清晰地鉴别学校各个德育工作者的业绩和潜能，从而做出确切的评价。

2.控制功能

绩效评价是人力资源管理中主要的控制手段，也是研究生德育工作中主要的控制手段。通过评价，使工作过程保持合理的数量、质量、进度和协作关系，使各项德育教育工作能够按计划进行。对德育工作者本人来说，也是一种控制手段，使德育工作者时时记准自己的工作职责，起到促进德育工作者按照规章制度工作的自觉性。

3.激励功能

绩效评价可以评价研究生德育工作各岗位人员的表现与工作结果，以此为依据对岗位人员进行公平激励。鼓励先进，鞭策后进，奖优惩劣，激励教师努力搞好德育工作。通过评价活动，分析学校贯彻教育方针的实际情况，肯定学校德育工作取得的成绩，发现问题，奖优罚劣，引导和激励教师奋发进取，最大限度地提高教育效果。

4.诊断功能

德育绩效评价是基于测量基础上的，对德育工作及其结果的诸种因素的综合考察，因此，其评价结果能够说明效果优劣、水平高低，并分析出效果优劣、水平高低的原因，做出诊断。通过诊断，可以为下一步的德育工作提供资料，找到改进德育工作的依据。

5.导向功能

对工作及其结果如何评价，即做出何种价值判断，对错与否，善恶与否，其标准本身便具有导向的性质，能够使德育工作者有意识调整工作方向和工作重心，也能够使受教育者根据评价状态以及标准调整自己的努力方向。导向功能是绩效评价最为重要的功能，在绩效评价中居核心地位，上述几大功能是导向功能的基础和过程。绩效评价借助导向功能的发挥，能成为推动研究生德育不断提升业绩的引擎。

（三）研究生德育绩效评价的原则

实施研究生德育绩效评价必须遵循一定的原则，这样才能起到良好的激励作用，才能统一思想和行动，防止和克服评价过程中的主观性和随意性，保证其科学性，从而使绩效评价"公平""合理""客观"。

1.尊重社会历史现实

历史是由人类社会实践所创造的，反之人类实践的对象、范围、规律与方式，又都是社会的历史产物。研究生德育绩效评价作为一种特殊的社会实践，不可能离开社会历史的发展，孤立、静止地考察评估客体。研究生德育绩效评价要坚持历史性原则，就是要以唯物史观为基础，把评价对象放到一定的社会历史条件中去。必须详细占有相关资料，进行具体分析，从中找出评价对象与社会历史条件之间的内在联系。同时研究生德育绩效评价活动也是一个不断发展、不断深化的过程，在这个过程中，也要考虑到评价本身的社会历史性，要深入分析其自身发展的各种影响因素。

2. 严格考评绩效

考评不严格，就会流于形式，形同虚设。绩效考评不严，不仅不能全面地反映工作人员的真实情况，而且还会产生消极的后果。绩效考评严格性包括：要有明确的评价标准；要有严肃认真的评价态度；要有严格的评价制度和科学而严格的程序及方法等。

3. 讲求实效

德育要讲效率（单位时间和效果关系），讲效益（投入时间、人力等与"产出"关系）和实效，即实际成果，例如人的素质、班风、校风等。针对德育工作的德育评价必须如实反映德育效果，既必须有实效，也必须实用。当前有些德育评价在实效性和实用性方面做得有所欠缺。总的来说，德育评价的实效性必须体现在德育目标的有效性、德育评价指标的有效性和德育评价方法的有效性三个方面。

4. 客观公正

在绩效考评中，各级领导和有关部门要排除一切干扰，本着实事求是的精神，客观、全面、真实地进行评价。绩效考评应当根据明确的考评标准，针对客观考评资料进行评价，尽量避免渗入主观性和感情色彩。也就是说，首先要做到"用事实说话"。为了保证在绩效评价中做到客观公正，要保证考评程序公开。坚持制度性评价，以及对绩效考评过程的有效监督。研究生德育工作是一个客观的历史进程，就要遵循客观性原则。违背了客观性原则，就有可能导致研究生德育工作评价标准的模糊和影响研究生德育工作的有效性及可信度。

5. 整体眼光

在整个评价过程中，必须坚持辩证的、系统的思维方式，不论对工作或对个人，在评价时不能忘掉人的整体性、外界影响的整体性、研究生德育工作的整体性、优缺点的整体联系和前后发展的连续性。由于是针对研究生德育绩效开展评价，制定评价方案时，必须以研究生德育工作的整体为研究对象。这一对象可以分解为两大部分：德育过程和德育效果。这两部分构成一个完整的反馈系统，缺少任何一部分，都会导致德育绩效系统不能正常运行，影响德育绩效评价的正确性。其中，任何一个部分又可以分解为许多部分，从而构建德育绩效评价工作大系统。同时，在此基础上形成制度，实现德育绩效评价工作制度化、经常化，并大力加强对德育绩效评价理论与实践的研究，整体构建研究生德育绩效评价系统的科学体系。

6.实事求是

实事求是，也就是理论联系实际的原则。掌握实际情况，了解实际效果，做实事求是的分析，是为了实实在在地总结和推动工作，提高思想。这就是求实原则的基本要求。离开了"求是"必然会走上主观主义的形式化的道路。能否坚持用这一原则评价研究生德育绩效，直接关系到研究生德育工作的实效和成败。

当然，研究生德育绩效评价不仅仅限于以上六个原则。但贯彻这些原则，就会使德育绩效的评价工作避免简单化和片面性，对德育教育活动产生积极的价值导向作用，更好地为德育教育的科学化服务。

（四）研究生德育绩效评价的类型

研究生德育绩效评价的类型不同，评价所产生的作用也不同。因此，讨论研究生德育绩效评价类型，对于切实提高研究生德育绩效具有重要的意义。

研究生德育绩效评价的分类有多种方法，随着人们对其认识的深化，分类将更为科学。基于目前对此问题的认识，可以按照以下标准来划分。

（1）按照研究生德育的对象不同，可以划分为研究生德育要素评价、研究生德育过程评价、研究生德育效果评价。

（2）按照评价的组织方式来区分，可分为实地会议评价与通讯评价。

（3）按照研究生德育的主体不同，可以划分为自评和他评。自评，即自我评价，是指由被评价者对自己进行评价。他评是指各级党政机关、组织团体以及教育机构在组织机构上下级的各自或相互的评价。

（4）按照评价的时间，可以划分为定期的常规评价和不定期的特别评价。定期的常规评价又可以分为月评、季评、半年评、年评等。不定期的特别评价，一般是根据工作需要而采用的。

（5）按照评价与研究生德育活动的先后顺序，可以划分为事前评价、事中评价和事后评价。

（6）按照研究生德育绩效评价方法的不同，可以划分为定性评价和定量评价。

（7）按照研究生德育绩效评价的功能不同，可以分为诊断性评价、形成性评价和总结性评价。诊断性评价是指在研究生德育活动开始之前，为使其更加有效地实施而进行的评价。诊断性评价要把握评价对象的两种状态：一是症状诊断；二是原因诊断。形成性评价是指在研究生德育活动的过程中，为了获得更好的教育效果而修正研究生德育活动方向所进行的评价。总结性评价是指在研究生德育活动之后为判断其最终教育效果而进行的评价。

（8）按照研究生德育绩效评价的价值标准不同，可以分为绝对评价、相对评价。绝对评价是指判断完成既定社会目标的程度而进行的评价。相对评价，是指在组织、团体之内进行的判断完成既定组织目标的程度而进行的评价。

在上述各种分类中，各种评价都有其自身的作用，它们各有长短，不能彼此取代，但可互相补充。例如，以效果评价与过程评价来看，这是两个不同的评价对象。一所高校的研究生德育工作管理水平，最终必然体现在它的效果上，即体现在所培养人才的德育质量上。因此，评价研究生德育工作管理水平，必须评价它的效果。其次，由于研究生教育是一种周期长的社会活动，一所高校培养的研究生质量，只有在研究生毕业走向社会若干年后才能从用人部门反馈回来。如果仅仅看人才质量，则高校在目前培养研究生过程中所采取的各项德育工作管理的措施和方案，就无法得到肯定或否定，就会使评价的结果滞后于高校的现实，因此，在评价过程中既要评人才质量，也要评工作质量，要把效果评价与过程评价结合起来。基于此，本书对研究生思想道德的评价定位于从入学教育到离校教育。

（五）构建研究生德育绩效评价体系的意义

由于影响研究生德育绩效和绩效评价的因素非常复杂，绩效评价的有效性常常受到质疑，因此探讨并构建有效的研究生德育绩效评价体系就显得非常紧迫而又意义重大。德育评价是根据一定的价值尺度对某一项德育工作的过程和结果进行评判的过程，主要回答的是德育工作做得怎么样的问题，是提高德育工作效率的必然要求。如果没有德育工作的评判过程，德育工作就会处于无所适从的状态。所以，德育绩效评价是开展德育工作的一个基本环节。建立系统、科学的研究生德育绩效评价体系，是提升研究生德育绩效评价水平的前提。

构建研究生德育绩效评价体系，为改进研究生德育管理工作提供了科学的依据。研究生德育主管部门可以通过德育绩效评价，对研究生德育事业发展中的共性问题有更科学、更现实的了解，从而做出更符合实际的决策与管理。研究生德育既是一门教育学科，也是一门管理学科，需要建立"决策—执行—反馈"机制。其中，科学的反馈机制不仅需要一条自下而上的信息流通渠道，而且需要对研究生德育工作的各个因素、环节进行准确的评价，考察各个因素、环节之间的相互关系，探讨如何达到研究生德育绩效的最大化。

构建研究生德育绩效评价体系，有利于促进德育工作的科学化。通过有效的德育绩效评价，研究生德育工作者可以比较准确地了解以往研究生德育工作的状况，进一步掌握研究生德育工作的规律，提高研究生德育工作科学化水平。当然，通过评价，人们还可以更好地了解研究生德育工作的进展情况，了解研究生集体或个人思想道德水平提高的程度，或通过相互学习、比较，促进个人进步和推动研究生德育工作的进展。

全面、系统的研究生德育绩效评价体系，有利于克服研究生德育工作的主观随意性。在有些人看来，研究生德育工作是一项看不见摸不着的工作，所以，在开展研究生德育工作时，有些人会以为，自己想干什么就可以干什么，自己想怎样干就可以怎样干，工作成果也可简单地凭一张报表或一份总结来反映。对一个人的研究生德育工作业绩评价如只听几个人的汇报就匆忙下结论，则缺乏科学性，主观随意性很大。要开创研究生德育工作的新局面，就要尽量克服研究生德育工作中的主观因素。通过研究生德育工作绩效评价，为克服研究生德育工作的主观随意性提出努力方向。

二、研究生德育绩效评价体系的构成

研究生德育绩效评价体系是包含诸多要素的系统工程。它主要由评价主客体和目标、评价标准和指标、评价内容和方式、评价程序等七个要素构成。从哲学认识论的角度看，评价是以往认识的再认识，是"反思"。从管理学角度来看，它是对系统进行运行控制，是"反馈"。研究生德育绩效评价既是对研究生德育活动的规律进行认识的过程，又是对研究生德育活动进行管理的过程。既少不了"反思"，也少不了"反馈"，也就构成评价体系。

（一）评价目标和主客体

建立研究生德育工作评价体系的首要工作就是确定其评价目标。这是因为工作计划是根据目标来制订的，评价目标正确与否，直接关系着德育工作的效果。在目标设计过程中，应注意以下几个方面：一是绩效评价目标的制订必须与研究生德育目标相一致。二是绩效目标必须符合 SMART 标准。

S-specific，目标必须是具体、明确的；

M-measurable，目标必须是可以有效衡量的；

A-agreed，目标必须是个人和组织认可的；

R-realizable，目标必须是容许状态下可以实现的；

T-time bound 目标的完成必须有时间的限制。

研究生德育绩效评价目标设计是一个自下而上的目标确定过程，通过这一过程将个人目标、院系目标与学校目标结合起来。

评价主体即评价者，评价客体即评价对象。我们认为，研究生德育绩效评价应从三个层面来确定评价的主体和客体。第一层面：教育行政主管部门（主体）对各高等学校（客体）的评价。主要由各省市教育主管部门，根据《中国普通高等学校德育大纲》（以下简称《大纲》）及中央有关德育工作的指示精神，制订研究生德育评价指标体系，组织力量对高校的研究生德育绩效进行评价。第二层面：学校（研究生主管部门）（主体）对各院系（客体）的评价。学校根据《大纲》要求及教育主管部门对学校德育工作的总体要求，具体展开总目标，制订出切实可行的评价指标体系，对各院系研究生德育工作进行评价。第三层面：各系（院、分院）（主体）对研究生个体思想政治品德状况（客体）进行评价。德育绩效评价分三个层面，自上而下，层层展开，形成纵横交叉的目标连锁体系，从而实现研究生德育总目标。

（二）评价标准和指标

进行绩效考核，当然要确定一个标准，作为分析和考察被评价者的尺度。这个标准一般可分为绝对标准、相对标准和客观标准。绝对标准是以如出勤率、文化程度等客观现实为依据，而不以考核者或被考核者的个人意志为转移的标准。相对标准是采取相互比较的方法，此时每个人既是被比较的对象，又是比较的尺度，因而标准在不同群体中往往就有差别。选择什么标准作为评价的基准取决于评价的目标。科学、公正、客观的研究生德育绩效评价必须有科学、统一的标准。标准实质上是一把衡量研究生德育绩效的"尺子"，"尺子"在度量衡上的统一，是保证研究生德育评价科学性、准确性、公正性的前提条件。

关于绩效标准，有西方学者提出了四种属性：①与个人和组织有关；②稳定的或可靠的；③能够区分出好绩效与差绩效；④实用的。有的则强调考虑四个要素：①与组织战略的相关性——标准与组织战略目标的关联度；②标准的覆盖面——标准涵盖雇员全部责任范围的程度；③标准的纯洁度；④可靠性——标准的稳定性或一致性。

评价指标是据以对评价对象实施评价的重要依据，通常包括计量指标和非计量指标两类；绩效评价指标是指对评价对象的哪些方面进行评价。研究生德育绩效评价系统关心的是评价对象与研究生德育目标的相关方面，即所谓的关键成功因素。这些关键成功因素具体表现在评价指标上。如何将关键成功因素准确地体现在各具体指标上，是绩效评价系统设计的重要问题。

科学的研究生德育绩效考核指标应具有三个特性：①与德育目标的一致性。制订绩效考核指标，首先必须明确学校总的战略目标和院系研究生德育重点，在此基础上，从学校最高层向各个院系和个人层层分解，如此得到的指标就成为研究生德育绩效评价的重点。②与德育要求的依存性。绩效指标并非静止不变的，德育的内外部环境变化以后，德育战略、目标和德育结构都要做出相应调整，与之相适应，研究生德育的绩效指标也应随之而变化。③与德育系统的完整性。合理的绩效指标体系应该能够全面反映出院系和个人的德育绩效水平。绩效指标缺乏完整性也会使德育工作者采取那些更有利于改进局部指标的行动而放弃追求整体最优。

（三）评价内容和方式

为了比较公正、准确地实施考评、必须事先确定考评内容和评定要素。评价内容即评价范围，研究生德育绩效评价既涉及对工作的评价，又涉及对人的评价。德育评价的内容是多方面的，具有可变性。随着时代的发展、形势的变化以及党和国家对德育工作要求的变化，德育评价内容也将随之变化。对德育评价的内容众说纷纭。

结合当前研究生德育评价的实践，笔者认为，从上述的三个层面看，研究生德育绩效评价的内容也应该有三个方面：①学校研究生德育的绩效考评；②院系（含附属医院、研究中心、研究所）研究生德育的绩效考评；③研究生思想品德素质的评价。由于现在大多数高校实施二级管理，学校德育绩效的基础就是院系的德育绩效，而院系的德育绩效又是以研究生德育工作者的绩效为基础的，研究生思想品德素质的评价又包含在院系研究生德育绩效评价里面。因此，我们一般意义上称的研究生德育绩效考评就是指以院系研究生德育工作绩效考评为基础的整个学校的绩效考评体系。在此基础上，本节探讨的重点就是以院系作为评价客体，其评价的内容应为院系研究生德育的实施过程及其结果。总之，评价内容要全面。要将反映研究生德育业绩的各种要素纳入评价范围，并据此设计指标体系。

评价还存在一个操作问题。考评要达到客观、真实、公正，考评的方式方法很重要，依照考评的内容和目标，应选取相应的方式方法进行考评。评价方法要科学。所谓科学的评价方法是指评价方法要与评价内容和指标体系结构相适应，能够得出客观、真实的评价结果。进行研究生德育绩效评价的方式很多通常采用文献法、汇报式、参与式、座谈式、问卷式、谈话式、抽样调查法、民意测验法、评语法、强迫选择法、360°评价法等。这里仅就360°评价法作一简要介绍。

360°评价法又称全方位绩效评价，它是由被考评人的上级、同级、下级和（或）内部客户、外部客户甚至本人担任考评者，对被评者进行全方位的评价，考评的内容也涉及员工的任务绩效、管理绩效、周边绩效、态度和能力等方方面面，考评结束，再通过反馈程序，将考评结果反馈给本人，达到改变行为、提高绩效等目的。它是从西方引进的一种新的人力资源管理考评方法。与传统的考评方法相比，360°绩效评价反馈方法从多个角度来反映员工的工作，使结果更加客观、全面和可靠，特别是对反馈过程的重视，使考评起到"镜子"的作用，并提供了相互交流和学习的机会。360°绩效评价方法对研究生德育绩效的评价很有借鉴意义，但这种方法比较复杂，费时费力。

上述诸要素共同组成一个完整的绩效评价系统，它们之间相互联系、相互影响。

（四）评价的基本程序

研究生德育绩效评价的一般程序，应包括制订计划、技术准备、收集资料信息、分析评价、绩效反馈、结果运用等六个环节。这六个方面缺一不可，共同构成了德育绩效评价的有机整体。评价本身不是目的，它只是一种手段，通过这种手段来认识问题、分析问题、解决问题，最后达到通过德育绩效评价，逐步实现研究生德育目标的目的。

（1）制订绩效评价计划。绩效评价必须有计划地进行。绩效计划是整个绩效评价体系的基础，也是绩效评价过程的起点。绩效计划的作用在于帮助德育工作者从自身的角度理解研究生德育的目标，帮助德育工作者找到正确的工作路线，以及为将来绩效评价结果的运用建立可行的标准。绩效评价计划包括明确评价目标，确定评价对象，建立评价机构，确定评价人员和评价标准，提出具体步骤和方法等。

（2）技术准备。绩效评价是一项技术性很强的工作，其技术准备包括拟定、审核评价标准，选择或设计评价方法与工具，培训评价人员等内容。建立评价指标体系，首先要分析评价对象的特征，突出反映评价对象本质的指标，简化指标体系；其次是设计指标体系，并确定指标体系的权重。特别是评价者的水平如何，将会影响到整个评价过程。

（3）收集信息资料。能否收集评价信息成为评价是否可信和有效的必要前提条件。一般来说，信息资料可以从以下途径获得：考勤记录、工作档案、工作日志、工作总结、备忘录、现场视察记录、奖罚记录、音像资料、事故报告等。

其方法有：观察法、查阅资料法、个案分析法、实验法、阅卷法、统计分析法等。

（4）分析评价。这一阶段的任务是要对德育工作者个人或被评价院系各方面的绩效做出综合性的评价。分析评价是一个从定性到定量再定性的过程。其中，对模糊性问题，可利用模糊综合评判方法进行统计分析；对随机性问题，可利用数据统计综合分析评判方法进行统计分析。

（5）绩效反馈。考察、评价研究生德育绩效，在评价结束后，应该及时提供反馈。只有评价，没有结果的反馈，就失去了评价工作的意义。绩效反馈是评价者将绩效评定结果及其评定的依据与被评价者进行有效沟通的过程。评价的结果，应用恰当的表述方法表现出来。其表述方法有评语表述法、等级表述法及绩效面谈法，而在绩效面谈中需要掌握一定的技巧。通过绩效反馈，一方面可以了解绩效评价效果，以便改进绩效评价计划和方法，提高绩效评价水平；另一方面，可以帮助被评价者提高能力和业绩水平。

（6）结果运用。评价不是目的，因此应当特别注意评价结果的运用。比起其他工作的评价，研究生德育绩效评价更加复杂，要取得一个准确的评价值更加困难。这就需要及时将取得的评价结果放到实践中检验。并根据评价中所设计的条件进行即时追踪，一旦发现评价结果与实际表现不相符合。要及时加以认真修正，使评价结果日臻准确。绩效考评本身不是目的，而应当特别注意考评结果的运用。

三、研究生德育绩效评价的指标体系

众所周知，很多的因素都会影响绩效考核的效果，但选择合理的考核指标及确定其权重无疑是重要的一环。建立科学、客观、可行的评价指标体系是研究生德育绩效评价工作的核心问题。没有科学、完整的评价指标体系就无法进行研究生德育绩效的评价工作。同时，研究生德育绩效评价的成功与否在很大程度上依赖于指标体系的科学性，这已为大量的评价实践所证明。因此，重视研究生德育绩效评价指标体系的研究将为进一步完善研究生德育绩效评价奠定良好的基础。

本部分介绍研究生德育绩效评价指标体系的概念与作用，重点探讨绩效评价指标的选定、指标体系权重的确定以及研究生德育绩效评价指标模式的建立。

（一）评价指标体系的概念与作用

指标（Index）在现代汉语词典中的解释是计划中规定达到的目标。研

究生德育绩效是有一定目标的，如培养高素质全面发展的人才，提升研究生德育活动的水平，优化研究生德育工作队伍的整体结构与层次等，这些目标也就是研究生德育绩效评价的目标。但这些目标通常都是抽象的、原则的、概括的，还无法通过测试及分析直接对它进行评价、判断。在研究生德育绩效评价中，将具有原则性、概念性和抽象性特征的评价目标，逐级分解，使之最终成为具体的、行为化的、可测的各分目标，这些经分解后可测的分目标，我们称之为指标。或者说，指标就是具体化了的目标。而这些指标的集合，也就是研究生德育绩效评价指标体系。

指标是由目标决定的，不存在没有目标的指标，离开了目标，指标就没有意义。指标又决定了目标能否得到具体的落实，没有指标的目标，是无法认识和实现的。目标反映全貌，指标反映局部。

对当代研究生德育绩效进行有效的评价，首先要有一个对其整体质量进行综合考评的明确尺度，即评价指标体系。它是一个内部结构复杂而又动态发展变化的有机辩证系统。

我们将对德育评价对象的价值判断（目标），转化为对评价对象的构成要素的价值判断（指标）。这实际上就是对目标进行了分解，直到末级指标具有直接可测性或达到其他分级标准，分一级指标、二级指标、三级指标……所有这样的指标全体，叫作目标的指标体系。在一个指标集合中，每一指标的重要程度是不同的。所谓权重就是指标在指标集合中重要程度，一个指标对应一个权重，每一个指标集合对应一个权重集合。目标的评价指标系统，就对应了确定的评价指标的权重系统。与指标系统一样，权重系统也是由若干层次结构一定的权重集合所构成。

对评价目标来说，评价指标系统反映了它的结构，权重系统反映了构成它的各个部分之间的关系，评价标准系统是对相应的评价对象的各个部分以及整体进行价值判断的准则和尺度。这三个部分构成了目标的评价指标体系。由反映评价目标整体的评价指标系统，以及与之对应的指标权重系统和指标评价标准系统所构成的整体叫作目标的评价指标体系。

指标体系是实现评价目标的重要手段，是进行教育评价的前提和依据，它同时提供了进行价值判断的统一尺度。因此，评价指标体系在现代教育评价中占有核心的地位，起着举足轻重的作用。研究生德育绩效评价应首先从研究和建立评价指标体系入手，这是一项关键性的工作，评价的其他工作要在指标体系建立之后才能进行。科学可行的评价指标体系的建立，是切实有效地开展研究生德育绩效评价的基础工程和核心环节。

（二）建立研究生德育绩效评价指标体系的要求

建立研究生德育绩效评价指标体系，务必遵循如下要求：

必须符合党和国家对研究生德育工作的基本要求；必须符合研究生思想品德形成和发展的规律；必须符合学校的实际。研究生德育绩效评价指标体系的构建，要符合研究生德育工作的本质特征和目标任务，必须坚持正确的导向。即评价指标体系要体现社会主义办学方向，同时注意克服和防止那些带有普遍性的不良倾向。

评价目标是通过指标体系中各条指标对客体（评价对象）的实测来实现的。这就要求设计指标时，要注意可操作性、可评定性，务必做到定量和定性相结合。评价指标体系作为一个系统，应保持自身的整体性。对研究生德育绩效评价指标的权重分配要体现出整体性，力求构建的指标体系既突出重点，又兼顾其他。在研究生德育绩效评价中为了能够把握住影响目标的主要因素，有意识地忽略一些虽有影响但属次要的因素，这是允许的，但在任何时候都不能舍弃那些反映评价对象实质的指标，因为这些指标能够深刻地、系统地评价出实际的水平。

考评指标体系中的每项指标的界定应该清晰明确，指标选项间可以存在一定的包含关系和重叠关系，但不能完全相同或重复。其原因在于：一是为了简化指标。若出现两条以上的指标反映同一事物，无疑将增加指标的数目，增加评价的工作量，降低评价的可行性。二是为了保证评价的科学性。出现两条指标反映同一事物，无疑将提高该事物在评价中的地位，这是人为的偏差，必将影响评价的科学性。

我们建立的指标体系应该客观可信、符合实际，这样才能较确切地反映出评价的真实水平。指标体系的设计应忠实于评价目标，不仅指标体系要体现目标的整体，而且每一条指标都应当保持与目标的一致性。而且，这样的评价指标体系应该是可被接受的，即一是要简易，使进行评价的实测者易于实施；二是要可行，即指标所要求提供的信息可实地取得，并具有实际意义。指标体系是否简易可行，是否在人力、物力、时间和信息的提供上被人们所接受，这些都是不容忽视的问题。因此，简化评价指标体系也是评价指标体系设计中一个关键环节。

总之，德育绩效评价指标体系是搞好研究生德育绩效评价的核心，是我们进行研究生德育绩效评价的基本依据。我们在建立评价指标体系时必须遵循上述依据。从这些依据出发，才有可能逐步提高指标体系的品质，提高评价工作的质量。

（三）建立研究生德育绩效评价指标体系的环节

确定绩效考评指标体系，一般可以分为以下几个步骤。

1.确定依据

认真制定评价体系，是抓好对研究生德育工作评价的基础。制订评估体系首先要有充分的依据。研究生德育绩效评价指标体系的建立不是考评者主观臆断的产物，而应是客观规律的主观反映。必须依据研究生德育目标的要求，以研究生思想政治品德变化发展的规律为准绳做出价值判断。在评价过程中，研究生德育目标是确定评价指标的最重要的依据，体现了党和国家的根本要求。当前，《中共中央国务院关于深化教育改革全面推进素质教育的决定》《中共中央关于加强和改进思想政治工作的若干意见》和教育部《关于加强和改进研究生德育工作的若干意见》等文件是指导各培养单位做好研究生德育工作的主要文件，制定研究生德育工作评估体系，应以这些文件精神作为主要依据。

2.绩效评价指标体系的选定

如何选定绩效评价指标体系一向是德育评价者比较棘手的问题。根据国外比较成功的经验，结合我国的实际，我们以研究生德育工作者评价为例，提出了如下的指标体系：业绩考核类指标，主要包括工作质量与工作量。技能类指标，主要包括基本能力（业务知识、文化水平、岗位经验等），思考能力（理解力、判断力、想象力等），交往能力（表达能力、对他人的影响程度等）。态度类指标，主要包括纪律性、协作性、积极性和责任心等方面。

3.绩效评价指标权重的确定

确定完整、合理的绩效评价指标是绩效评价的重要前提，但真正的难点是确定每个指标的权重。对于如何确定评价指标的权重，国内外学者已进行了很多研究，目前应用比较多的有三种：①经验型的，如特尔斐法（Delphi Model）；②层次分析法（Analytic Hierarchy Process，简称 AHP）；③主观经验法。相对而言，第一种方法比较简单，操作性强，但精度不够；第二种方法科学性更强，但施行起来有一定难度，一般需要专家的支持；第三种方法比较大众化。下面就这三种方法一一介绍。

（1）特尔斐法（Delphi Model）。特尔斐法是请若干本领域的专家，以发问题表的形式，征求、汇集和统计个人的意见或判断，以便在一些问题上使大家取得一致的意见。这种方法的优点是可以避免权威、职务、职称、社会能力以及人数优势对确定权重的干扰，有利于集中大多数人的正确意见。这种方法具体的咨询方法很多，针对思想政治教育评估，本书认为一般的做法分为以下几步：第一步，设计指标体系咨询表格；第二步，聘请专家；第三步，寄发咨询表格，并按时收回。这一环节可以多次循环，直到专家意见基本统一，需要注意的是，每次循环需要将所有专家的反馈意见不署名地寄发给每一位专家作为参考意见。例如用特尔裴法确定人才德育质量各指标的权重的专家咨询表，见 4-1。

表 4-1 特尔斐法确定人才德育质量指标权重的专家咨询表

	很重要	重要	一般	不重要
政治素质				
理论素质				
思想素质				
道德觉悟				
纪律性				

在运用上述表格时，必须注明政治素质、理论素质等包含的具体内容，并注明很重要、重要、一般、不重要的定义。以免专家对这些问题因理解上的差异而影响咨询的科学性。

（2）层次分析法。层次分析法是由美国学者 T.L.斯塔（T.L.Saaty）首先引入教育评价领域以解决权重系数的确定问题的。它实际上是一种多目标多标准的决策方法。运用层次分析法时，首先要把复杂的评估目标分解为多级指标，在同一层次上根据 T.L.斯塔的相对重要性等级表，列出两两比较矩阵，按照确定的数学公式计算每项指标的相对优先权重。

层次分析法把专家的经验认识与理性的分析结合起来，大大降低了两两比较中的不确定因素的影响程度，是比较理想的权重确定方法。但是对于研究生德育绩效评价来说它却比特尔斐法法更加复杂，且增加了研究生德育绩效评价的成本与周期，因此略显不便。

（3）主观经验法。主观经验法是指，在评估人员对某一评估客体非常熟悉而有把握时，可以直接采用主观经验来确定权重系数。但要注意以下几个方面。

——权重分配的合理性。即权重分配要反映评估客体的内部结构和规律，防止因权重分配不当而脱离实际或产生偏向。

——权重选择的变通性。即权重分配要符合客观实际的需要，可以根据评估目的与具体要求而适当变通分配。

——权重数值的模糊性。即对权重的分配不必十分精确，过度要求精确只会导致机械生硬的赋值。

评价指标体系的权重设计的路径是：首先通过召开研究生、教师，特别是研究生工作系统的教师座谈会，根据研究生德育目标的要求和我们研究生德育工作的经验，结合国内外一些模式，特别是特尔裴模式、陆氏模式等，拟出指标体系设计的设想。然后进行咨询，即将初步拟就的指标体系广泛征求专家和研究生德育工作者的意见，要求他们对指标条目和体系的科学性、合理性和可行性以及指标的权重和量化方法进行广泛的研究，提出增删修改的意见。此种咨询可以是一次，也可以在调整后进行第二次咨询，以求尽可能地提高评价质量。汇集咨询意见后，重新研究指标体系及其权重，并进行相应的修改和调整，正式确立评估指标体系及其权重。

4.设立指标等级

指标等级是对评价客体进行评价的衡量尺度，是用于检测评价客体对要求达到的程度。在选择和运用指标等级时，既要严格掌握标准，又要从实际出发，不可要求太高太严以免挫伤被评价者的积极性，也不可降低标准而使评价流于形式。指标等级要根据需要确定，最常用的是五级制测评，使用优秀、良好、中、合格、不合格。但笔者认为，介于"良好"和"合格"之间的"中"不易测评，故应用了四级制测评，使用优秀（5分）、良好（4分）、合格（3分）、不合格（0~2分）等四个等级。评价者只需对所选项打√即可。

当然，在确定指标体系、权重、指标等级后，还必须进行测试论证，以便对确定的评价方案进行修正完善。

四、构建研究生德育评价体系应注意的问题

研究生德育绩效评价是研究生德育绩效提升的重要环节，也是提升研究生德育绩效的有效途径，而评价指标体系的构建又是研究生德育绩效评价的核心。我国自20世纪80年代开始德育评价的理论研究，迄今已做了许多有意义的工作。本评价体系有这样几个优点：客观性、操作性强，明确了具体的评价指标，每项评价指标都设计了比较恰当的权重指标体系，每个评价项目都划分了四个评价等级（优秀、良好、合格、不合格），这样便于操作。当然，本评价体系还存在着不少有待改进的地方：指标体系的设计上还不完善，对三级指标评价标准的描述上还不十分准确，它还有待于实践的检验。此外，笔者认为还有以下几个问题在评价中应予以注意。

（一）定性与定量的关系

任何事物都是质和量的统一，这就决定了研究生德育绩效评价应坚持定性考评与定量考评相结合。定量考评是运用数学方法对考评对象的性质进行量的分析，对考评结果，采用总分或等级的形式给予描述的一种方法。德育工作是一项非常复杂的活动，有些方面能够用数量来衡量，比如资金的投入比例，学生政工队伍与学生数量的比例，等等，这些方面德育文件有明确规定，通过数量能够显示实际的差别，我们就要坚持采取定量分析的方法。定性考评是指运用思辨方式对考评对象的整体及其性质进行分析、综合，在此基础上做描述性的鉴定或操行评定。有些方面很难用数量来描述，或者用数量描述还不够，比如学风问题，在评估类似方面问题的时候，我们就要采用定性分析的方法，通过问卷法、谈话法、专家判别法等多种方法进行科学、公正的评估。

对德育绩效的评价，不属于"非此即彼"的判断，它的价值判断只能是近似的模糊值，使用描述性的语言表达考评结果。定性考评能较形象地描述人们思想、行为的主要特征，所以运用得比较广泛。但定性考评的缺

点也在于考评结论的模糊性，容易产生"千人一面"的情况，而且定性考评也容易受到考评者主观因素的影响，影响考评的准确性。而定量考评方法刚好克服了定性考评中最大的缺点，即易受主观因素影响的缺点。但我们知道，并不是所有的思想道德行为都可以用量的形式来表达的，即便那些已经量化的，究竟量化多少才是最科学的，又是定量考评中的难点问题。而且过多强调定量考评又会造成考评对象的拜分现象及道德行为动机等不良的后果。可见，定性考评与定量考评不可偏废任何一方，要将两种考评方法综合使用，力求评估结果科学、公正。

（二）研究生德育绩效评价工作的连续性问题

人的思想政治品德的形成和发展过程，是个体在社会环境的影响下，经过社会实践，使思想政治品质诸要素不断平衡发展和协调适应，知与行从旧质到新质循环发展的过程。它的形成与发展，一方面受社会环境和道德教育的影响，主体内在的知、情、意、信、行诸要素之间，在发展方向上由不一致到一致，在发展水平上由不平衡到平衡，由相互不适应到相互适应。另一方面它是道德主体对一定的社会思想政治品德要求的反映，同主体原有的思想政治品德状态之间进行矛盾斗争和转化运动。而社会环境是不断变化的，社会对个体的道德要求、道德教育的方式方法都是根据社会的变化而不断更新的，因此，个体的品德也是在这种不断的矛盾运动中向前发展。品德的这种相对稳定但却随着社会诸要素变化而逐步变化的本质告诉我们，品德考评应具有连续性。通过对考评对象的连续考评，我们可以看清考评对象品德变化的脉络，掌握其品德发展的趋势。考评者可以运用个体内差异法等方法，更准确地判断出考评对象在指标体系任一指标上的变化，为正确诊断考评对象存在的问题，提出有针对性的建议提供可靠依据。连续评价对学校德育工作的开展是非常有意义的。它还可以克服"评前一阵风，评后就放松"的心理和现象，促使学校将品德考评作为德育工作的重要一环，纳入学校正常工作轨道，为更好地完成德育目标创造良好条件。

（三）研究生德育绩效评价及其分值有限性问题

在研究生德育绩效评价结果的有效利用方面，评价结果的教育、激励、导向和调控作用具有更为重要的价值。如果仅将评价结果作为纠正研究生错误认识、观念和行为的依据,只看重学生"改邪归正",而较少考虑德育中激发研究生思想的形成、开发他们内在动力等方面的问题,则不完全是评价的初衷。另外,把评价的结果作为判断、衡量德育工作成效和学生道德水准的唯一标准,也是不恰当的。德育作为一种实践,其形式和内容是非常丰富的,德育目标的实现途径也是多种多样的。这种丰富性、多样性和考评内容的不完整性,以及评价过程中的主观性和信息收集的不完全性决定了德育评价及其分值的有限性。

研究生德育评价及其分值的有限性,决定了我们不能把评价的分值当作唯一衡量研究生德育绩效的标志。如果用只看重分数,简单地处理评价的结果,那就大大违背了德育绩效评价工作的初衷。德育绩效评价也就难以发挥它的教育作用、导向作用、激励强化作用、调节控制作用。因此,为了更好地完善德育绩效评价工作,必须对评价结果进行正确的评价:一是对评价的分值进行解释,分值不是一个抽象的数学符号,它蕴涵着一定的价值、意义;二是对评价客体进行适当评价,哪些方面做得好,哪些方面有待提高、加强;三是对评价对象变化(进步或退步)的原因进行分析,并提出建议,从而"以评促建,以评促改",以实现研究生德育绩效目标。

(四)评价心理偏差的问题

研究生德育绩效评价是对组织成员的工作绩效进行科学的测量与评定,并以此为依据对个体实施激励(奖励或惩罚),以实现组织目标。因此,它与评价人员的心理状态有着密切的关系。评价的诱因、评价的动机、评价的主客体之间的关系、评价过程中的心理因素都会产生不同的心理效应,并对评价结果产生影响。因而,要正确地认识和了解这些心理因素及其活动特征,以保证绩效评价的客观、公正、合理、准确,这就要求在评价过程中克服印象性、对照效应、暗示性、情感、从众效应、晕轮效应、趋中化等心理偏差。这里重点介绍一下后两种偏差。

——晕轮效应偏差。晕轮效应是指当一个人在某一特性上受到很高或很差的评价时,就会影响到人们对他的其他所有特性的评价,心理学称这种影响为晕轮效应。反映在评价工作中,评价者如果对被评价者的某一方面特征有很深刻的认识或感受,评价时就极容易产生这样一种倾向,即误认为该人员在其他方面表现的优劣也都与这一方面的优劣相类似。特别是在考察那些缺乏定量标准的特征时，如工作态度、合作精神等，这种因晕轮效应而产生的以偏概全现象更为明显。

——趋中化偏差。在考核评价的全过程中，出于怕得罪人、老好人等心理，考核者往往不愿做出"最好"或"最差"这样的极端判断，有时候甚至不愿将被考核者的优劣差异明显表现出来，所以，在评价个人时，经常会把个人向集团平均水平方面靠近，使被考核者的成绩都集中在同等水平线的分数上，而与实际工作情况并不符合，这就是趋中化的偏差，也称中心化倾向。这种现象在研究生德育绩效评价中会导致无法区分院系研究生德育工作的优与劣，不能反映研究生德育工作者工作或成绩的实际差别，无法实施或不能公正地实施奖惩措施。

第五章 创新型研究生教育与创新型人才培养

第一节 创新型高层次人才概述

一、人才的内涵

关于人才的概念，学术界看法和见解不尽一致。《辞海》对人才的解释：一是指有才识学问的人，德才兼备的人，如人才辈出；二是指才学，才能；三是指人的品德。《现代汉语词典》对人才的解释：（一）名词：德才兼备或具有某种特长的人，也作"人材"；（二）名词：指美丽端庄的人。而我国对人才学有着资深研究的专家王通讯在《人才学新论》中指出，人才的定义有四种：一是通常人们把德才兼备。才能较高或有一技之长的人称为人才；二是在教育学上，将中专以上的毕业生称作人才；三是在人才预测中，根据国家教委原教育部、劳动人事部〔1983〕教规字005号《关于进行我国人才预测的通知》，人才是指中专以上学历或技术员包括相当于技术员以上的职称者；四是人才学认为，人才是以创造性劳动为社会发展和人类进步做出较大贡献的人。

按照国际上公认的说法：具备专业知识，能为促进社会进步而创造性劳动的人就是人才。我们现在通用的人才主要是指德才兼备的有着某种专业特长，而且能以创造型思维来进行创造性劳动的人。人才的本质特征概括为创造性、进步性和社会性的统一。因此，我们认为，所谓人才是指具有一定的专业知识或技能，在某些方面有较强的能力，特别是具有较强的创造能力，能在物质和精神领域做出较大贡献的人。

二、创新型高层次人才的内涵

人才有层次之分、高低之分、种类之分。按层次划分，可分为高层次、中层次和低层次人才；按高低划分，可分为高级人才、中级人才和低级人才。按职业领域（种类）划分，可分为政治人才、军事人才、科技人才、管理人才、文化人才、体育人才等。社会需要各层次人才，更需要各类人才。高层次人才是从人才的层次性来区分的，它具备人才的所有特征。

在我国，"人才学"的兴起与发展已有几十年的历史，但对人才、特别是高层次人才的探究，仍然是众说纷纭，尚没有统一的定论。国家人事部曾对高层次人才做过一个宽泛的界定，即"一个国家人力资源中层次较高的部分"。现实工作中，人们常将之笼统地理解为中专以上学历获得者、技术员以上专业职称拥有者以及在专业技术岗位上工作的科技和管理人员。

高层次人才说到底是指有高水平或具有高水平潜质的人才。就创新型高层次人才而言，我们知道，高层次人才是人才中的一小部分，而创新型高层次人才则是高层次人才中特点鲜明、能量和作用巨大的又一小部分。他们是人才中出类拔萃者，是不仅具有高学历，还具有强能力，在某个领域具有创造性、发挥统领作用、取得突破性成就并为科技和社会的发展做出某种突出贡献的人。当然，不排除有一部分非高学历人员，他们同样具有某些方面的特定才能，在某个领域做出了重大贡献。同时，创新型高层次人才又是我国在新的时代背景下提出的人才培养新目标："创新型高层次人才要有创新意识、创新能力和国际视野、全球意识。"

因此，我们认为，所谓创新型高层次人才，就是指能力强或具有较高学历和职称，在某一领域有出众智力和渊博知识，具有创新意识、创新精神、创新思维、创新能力并能够取得创新成果的高水平潜质的人才。我们这里讨论的创新型高层次人才是立足于现实而又面向未来的创新型高层次人才。因而，创新型高层次人才是学历、能力、贡献的高度统一。

三、创新型高层次人才培养的特征

不同时代有着不同发展程度的科技与教育，亦赋予了创新型高层次人才不同的内涵。一般来说，人们对不同专业领域的创新型高层次人才的判定与评价有不同的标准，因而，对创新型高层次人才的培养也有不同的特点。但对于 21 世纪的创新型高层次人才的培养来说，至少应该有以下几个具有共性的特征。

（一）资本性

1979 年诺贝尔经济学奖获得者，美国著名经济学家西奥多·W.舒尔茨教授通过研究证实，美国经济在"人力资本"上的投资收益大于在"实物资本"上的投资收益，而这种状况正是导致教育投资的增长速度大大高于其他投资的增长速度的一个原因。这样，各国都先后增加教育投资来增加高层次人才的贮备量。同时，重视人力资本就必然要求高层次人才必须拥有更多的资本存量，他们要在各自的专业范围内独占鳌头，对本学科的前沿知识了如指掌，熟练有效地解决本专业领域中出现的各种问题，不断开拓新的局面。人才资本不仅包括知识、技能、健康、心态等要素，还包括经历、经验以及发展潜力等要素。高层次人才成长过程的结果就是形成具有很高资本存量的高层次人才。

专深知识和高超技能的获得必须经过系统而严格的学习、训练和实践，尤其需要把握本学科的前沿知识和向本行业的权威专家、学者学习，并将其转化为自身的素质和能力。而这一切都离不开大量资金的投入，没有大量资金的投入，就没有高效益的产出。不仅高学历学习和高层次培训交流需要大量投入，而且高起点的研究与开发等实践条件更需要大量投入。对于高层次人才的培养而言，对他们的投资过程就是其资本形成的过程，国家、单位和个人都要不断增大对高层次人才的投资。

（二）自主性

如果说普通人才的培养是批量生产的话，那么高层次人才的培养具有个别性。与普通人才的批量生产相比，高层次人才的个别生产不是他因性的生产，而是自主性的生产，或称为自主性的成长。可以这样说，高层次人才的成长不论是对知识和能力的积累而言，还是对经验和经历的积累而言，都是不断自我更新的过程。今日的高层次人才，若不能时刻完善和发展自己，明日便有可能遭受历史的遗弃，变成较低层次的人才。

普通人才只有在自身原有的基础上经过特定范畴的深造学习或实践锻

炼，才有可能具备高层次人才所需的素质和条件。但是是否继续发展？发展到什么程度？选择什么范畴发展？怎么发展？什么时间具体做什么事？这些问题的回答和解决，不能仅依靠组织、社会或他人，更重要的是发挥个人的主观能动性。人才的层次越高，其成长过程中所含有的探索成分和难度就越大，人才个体的意志品格、兴趣爱好以及事业心、进取心、责任心和奉献精神所起的作用就越大。

（三）创新性

高层次人才作为国家各专业领域的战略性资本，自主创新是其最根本的特征。由于高层次人才要在社会实践中不断地创造出新的知识、新的思想、新的技术和新的事物，因此高层次人才的开发必须围绕创新能力的培养来进行。失去了创新，高层次人才就失去了灵魂，普通人才也就不可能成长为高层次人才。

对国家而言，在高层次人才培养的过程中，要坚持以能力建设为主题，把增强自主创新能力作为高层次人才开发的战略基点和调整高层次人才结构、转变高层次人才增长方式的中心环节，根据各类高层次人才的成长规律和特点，构建高层次人才的培养制度和体系，大力提高高层次人才的原始创新能力、集成创新能力和引进消化吸收再创新能力，建设创新型团队。

（四）团队性

如果说历史上曾经诞生过达·芬奇式的全能人物，那么在知识经济时代，再伟大再成功的人才也离不开团队的合作。很多高层次人才的成长往往不是一个独行客单打独斗的结果，而是一个伴随着由若干层次相近的人才组成的群体或由若干水平相衔接的人才组成的梯队发展的过程。高层次人才的共生现象要比普通人才更加普遍和明显。因此，在高层次人才成长的过程中，要鼓励合作，倡导团队精神。

没有一大批拥有世界前沿知识和一流水平的高层次人才团队，就不能支撑创新性的国家。高层次人才的开发，不仅要强调团队背景，更为重要的是要培养他们的组织协调能力、主导局面的能力和非常强的凝聚力。国家高层次人才培养工程不仅要为这样的专家团队的形成创造条件，而且还要对高层次人才提升相关的能力、塑造优秀的人格魅力，使他们成为团队坚强的核心和带头人。

（五）风险性

凡是创新、发明、开拓和竞争性的事业都具有很高的风险性，越是高层次的人才，其所从事的事业就越具有风险性。甚至可以这么说，高层次人才的培养过程就是在风险的山峰上攀登的过程，随时都可能碰到艰险、困难、歧途、失败。培养高层次人才必须具有坚强的意志和百折不挠的冒险精神。

由于高层次人才培养具有高风险性，因此整个社会需要对高层次人才给予强有力的保障。要大胆探索对高层次人才实行与其职业风险程度、对社会的累积贡献大小和人才价值的市场认可程度等相对应的保障机制。鼓励用人单位和社会各界在工作上和生活上为高层次人才提供各种形式的保障，以解除他们的后顾之忧。同时，要根据高层次人才培养的特点和需要，建立重要人才国家投保制度，建立高层次人才安全体系。

四、创新型高层次人才培养的必要性

（一）当今社会和国家的快速发展急需创新型高层次人才

我国要成为创新型国家，当务之急是培养大批创新型高层次人才，增强自主创新能力，培养一批具有世界一流水平的顶级科学家。高层次人才是建设创新型国家的根本。

当前，我国也从政策上提出要大力发展高层次创新人才。2006年国务院发布《实施〈国家中长期科学和技术发展规划纲要（2006—2020年）〉若干配套政策》文件，该文件指出，我国将实施国家高层次创新人才培养工程，在基础研究、高新技术研究、社会公益研究等若干关系国家竞争力和安全的战略科技领域，培养造就一批创新能力强的高水平学科带头人，形成具有中国特色的优秀创新人才群体和创新团队。温家宝曾在2013年1月的国家科学技术奖励大会上指出："科技的本质在于创新，创新依靠人才。"

目前，我国科技的总体水平同世界先进水平相比仍有较大差距，要全面提升我国的科技自主创新能力，必须造就一批德才兼备、国际一流的科技创新领衔人才，建设一支高素质的科技创新队伍。当前我国人才队伍的突出问题是：初中级人才多，高层次人才少；继承型人才多，创新型人才少；传统学科专业人才多，新兴学科专业人才少；理论型人才多，实用型人才少；单一领域、行业、学科人才多，跨领域、跨行业、跨学科的复合型人才少。据统计，我国人才资源仅占人力资源总量的 5.7%左右，而高层次人才资源仅占人才资源总量 5.5%左右，其中在自主创新领域中的领军人物更少。我国与发达国家科技人才的差距，主要是质量上的差距，特别是在战略科学家和领衔科学家等高层次科技人才方面的差距。因此，加快培养创新型科技人才已成为我国科技队伍建设的当务之急。

高创新能力是当今创新型高层次人才的重要标志之一。在科技飞速发展、社会飞跃式进步的历史新时期，依靠创新型高层次人才的创新及其发挥出的引领和杠杆作用，才能够持续推动科技和社会快速、深入地发展。

（二）培养创新型高层次人才是转变经济增长方式的迫切需要

长期以来，我国经济增长主要依靠资源、资本和劳动力等要素投入的驱动。随着经济规模的不断扩大，能源、资源、生态环境对经济增长的约束逐步加大，经济社会发展面临着一系列重大的瓶颈性约束，矛盾非常突出。要实现我国经济的可持续发展，必须由粗放型增长方式转为集约型增长方式，由自然资源依托型发展模式转为人力资源依托型模式。在转变经济增长驱动方式过程中，必须提高我国的创新能力，实现科技创新的跨越能力，只有这样，才能走新兴工业化道路，推进我国的经济增长由资源和资本驱动转向创新驱动，在世界竞争中赢得主动地位。只有造就一批德才兼备、国际一流的科技创新领衔人才，建设一支高素质的科技创新队伍，才能实现我国科技跨越发展；只有积极引导科技人才自主创新，推进以节能降耗为目标的技术改造，着力解决制约经济社会发展的重大科技问题，特别是对经济增长有重大带动作用、具有自主知识产权的核心技术和关键技术，才能带动国家整体科技水平和创新能力的提高，实现经济增长方式的转变。

随着科技兴国战略的深入实施和新型工业化道路的逐步延伸，技术整合型高级人才的需求量将会越来越大。日新月异的科技发展使人们面对无数的可供选择的新技术、新信息，这些也是无数的竞争对手都在探索和试图掌握的。一个普通计算机工作站就使用了几乎所有物理学和数学领域的知识——从原子能衰变物理学到图论数学。在如此复杂的技术和激烈的竞争面前，懂得如何筛选、整合技术，知道何时何处运用何种技术的技术整合型高级人才就显得格外重要，也将拨得先机。因此，培养创新型高层次技术人才是一个国家经济持续发展的有力保证。作为创新型高层次人才，除了自身要有坚实的专业理论基础和广博的自然科学及人文社会科学知识外，关键还要有高超的技术组合、系统构建、综合运用及信息处理的特殊能力。

现代社会，需要具有各种高新专业技术的高科技人才，更需要兼有专业和管理知识、具备统领和协调能力的高层次管理者。扎实宽厚的专业知识，合理先进的复合知识结构、较强的亲和力、发散的思维方式和科学的决策本领是其"高层次"和"创新型"所在。这样，可以以他们为中心和主干组成一个人才链，产生我们所说的人才乘数效应，诸多各类各层次人才可在宽松、和谐的环境中得以充分施展专长和能力，形成人才的合力。

（三）培养创新型高层次人才是提高我国国际竞争力的重大部署

随着经济全球化与高科技的发展，高层次人才严重告急已成为世界各国共同存在的问题，尤其是创新型高层次人才的缺乏。发达国家凭借其雄厚的经济实力和优良的人才环境，成为高层次人才的强大竞争对手和赢家。据联合国统计，仅美、加、英三国在 20 世纪 80 年代就从世界人才流动中获益 500 亿美元。1996—1998 年，美国共引进专家 24 万名，不仅节省了教育经费 120 亿美元，而且创造了数百亿美元的财富，使美国成为当今世界上受益于人才资本引进最为突出的国家。美国之所以能成为世界头号创新强国，靠的就是来自全球各地的高层次人才的支撑。日本、韩国、芬兰等创新型国家的崛起，也与其拥有一支实力不凡的高层次人才队伍密切相关。

自主创新能力是衡量一个国家经济实力与国家能力的主要指标。我国工业总量与规模虽然很大，但也存在着不容忽视的弱点。在高科技产业以及传统产业的高加工度产业中，普遍存在缺乏核心技术、关键零部件依靠进口的现状。正是由于缺乏自主创新能力，我国工业发展中低水平重复建设的现象经常发生，导致日益稀缺的能源、原材料的浪费和低效使用。

因此，只有提高自主创新能力，加快培养创新型高层次人才队伍，才能增强我国产业的国际竞争力，抢占国际竞争的战略制高点，维护国家经济安全。加快培养创新型科技人才，有利于有效整合国内外科技资源，重点推进集成创新；有利于在关系到国家安全和难以引进技术的产业领域，推进原始创新，力争在基础理论和关键技术上取得新的突破，加快科技成果向现实生产力转化；有利于消化吸收国外先进技术并使之转化为自主的知识资产，建立自主开发的平台，掌握核心技术，真正提高国家的竞争力。

五、研究生教育是创新型高层次人才培养的主要途径

　　研究生教育是继本科教育之后的高一级教育，是高等教育系统中的最高层次的教育，是高层次教育和科学研究结合而形成的一种培养高层次人才的特殊的社会活动。它的地位高低、质量优劣，直接影响着科学技术的进步和生产力的提高与否，进而影响国家社会能否强大振兴，历来受到世界各国政府和教育界的青睐。

　　从古到今，人才都是最重要的战略资源，人才竞争从来都是具有决定性的意义。知识经济时代，人才竞争更是白热化，世界各国都把竞争的焦点对准了人才的竞争。然而，人才不是自然生成的，它得通过教育和培训来形成。教育包括正规化的学校教育及家教、社会教育、自学成才等，人才的生成主要还是靠正规化的学校教育。在古代，由于社会各方面发展比较落后，正规化教育相对落后，人才的生成有一部分是通过家教、自学、社会来进行的。但是那些高层次人才、杰出人才基本上还是从学校产生的。不过，古代社会培养的人才比较单一，主要是为国家服务的政治人才。

　　现代社会除了培养政治人才，更多的是要培养经济、科技、文化、艺术等领域的人才。从教育的正规化制度化即学校教育产生以来，学校教育就基本上承担着最主要的人才培养工作。到现在，我们还没有找到比学校教育更好的方式或途径能大规模地培养人才。作为学校教育的高级阶段——高等教育，更是以前所未有的功能发挥对社会发展的作用。高等教育已是世界各国讨论的焦点，如何发展高等教育，如何使高等教育培养更多更好的人才为社会发展服务，是摆在世界各国前面重要的问题之一，研究

生教育作为高等教育的最高端，更是受到世界各国的重视。

研究生教育自产生以来，就承担着培养高层次人才的神圣的重大责任。研究生教育愈发达，则高层次人才愈丰富，国家社会就愈发达强大。从德国开创现代意义上的研究生教育起，到后来美国、英国、法国、日本将研究生教育发展强大，历史事实就是最好的证明。德国能在两次世界大战后由战败国变成强国，这跟它的教育特别是研究生教育有着密不可分的内在联系。美国之所以成为世界头号强国，这也跟它的世界一流的高等教育分不开。

诚然，新型高层次人才的培养不完全在于教育，还取决于在科技及管理工作环境中的刻意磨炼。但教育，特别是现代高等教育，则为新型高层次人才的生成奠定坚实的基础，是形成新型高层次人才品质、素质和潜质的主要途径，由此高校亦成为新型高层次人才诞生的摇篮。

可以说，当代社会，尽管培养人才的途径多样化，但正规化的学校教育仍然是最主要最重要的途径。它承担着绝大部分人才，特别是高层次人才的培养。研究生教育作为学校教育的最高阶段，毫无疑问承担了高层次人才的主体培养。

研究生教育又如何能完成这一重大神圣的任务呢？在此，有必要对研究生教育系统做一个简单的说明。研究生教育系统是教育系统中的一个子系统，跟社会其他系统一样，是由相互联系和相互作用的各个部分（要素）结合而成的，具有特定的功能的有机整体。研究生教育是由多个要素构成的整体，包括系统主体的研究生教育，管理者和研究生接受者以及系统客体的知识与设施。研究生教育系统是具有特定目的和功能的一个整体，各要素都是为了同一个目的而组合在一起的，其基本目的就是在正确的教育方针政策的指导下培养研究生这种高层次人才。

对于研究生教育的具体目标，我国有法律法规进行规定，而这种规定当然是指向高层次人才的高标准。研究生教育系统从研究生教育目的的制订到实施管理（计划，组织，指挥，激励，监督，控制）都有一套很严密的程序。

正是由于研究生教育系统有一套程序严密，各要素相互联系、相互作用、相互协调，它完全有理由有能力承担起高层次人才的主体培养，其他的社会培养机构都无法与之相比。诸如社会大学、企业大学、专门的培训大学等。绝大部分的高层次人才是通过正规化的学校教育中研究生教育来进行的，国内外均如此。

从1950年我国研究生教育招生开始，到现在已经培养了500多万研究生这种高层次人才，对国家社会科学文化等方面的发展做出了巨大的贡献。现代教育和社会不能没有研究生教育，从柏林大学创立现代意义上的研究生教育——高等教育最高层次的教育，至今，已走过了200多年的历程。在这200多年的风风雨雨历程中，研究生教育通过培养一批又一批高层次人才，对个人的发展和社会的发展做出了巨大的贡献。随着社会的进一步发展，这种贡献将进一步扩大。

21世纪是一个教育世纪，教育对人才的培养，特别是研究生教育对高层次人才的培养的作用和意义，恐怕已经无法用言语来形容。对个人来说，要想成为高层次人才，接受研究生教育恐怕是现在最好的选择。对于国家社会来说，要拥有大量的高层次人才，发展研究生教育是最好的方式和途径。

第二节 创新型研究生教育的特征

一、高层次性

"高、前、深、远"是研究生教育高层次性的具体体现。研究生课程学习要求紧跟学科发展，研究生培养强调教学与科研并重。研究生毕业、获学位均需撰写学位论文。研究生的学位论文是反映本人攻读学位期间科研成果的集中体现，是研究生的基础理论、专业知识、学术水平、创新能力和独立工作能力的综合性成果。如果说本科教育是培养"毛坯"的粗加工阶段，研究生教育则是向专深拓展的精加工阶段。

我国融入国际社会的步伐在加快；经济全球化已不可阻挡，我国面临的国际性的政治、经济、科学、军事等综合国力的竞争将更加激烈。这些竞争使研究生教育的重要性更加突显。研究生教育的"高、前、深、远"将赋予新的内涵，知识经济时代，强大的研究生教育是一个国家保持持续竞争力最重要标志。

二、研究性

研究生教育区别于本科生教育的最基本的特点，就是要有专门的系统的研究（"研究"一词十分确切地反映了研究生教育的特点）训练。研究生在校期间，一般都有一半以上时间从事科研工作，硕士生一般在一年左右甚至更长时间，博士生则长达两年左右，当研究目标未实现时，时间则更长。本科生只是尝试研究，研究生必须正式投入研究，并且在研究上取得成绩，出研究成果（博士生的相应要求更高）。

研究生进行科学研究在性质上与教师有两点不同：一是他在有人（即教师）指导下进行，二是他进行科学研究是其学习任务的组成部分。他们通常只是参与导师主持的课题或在教师指导下选定课题进行研究。即研究生课程结束之后，按自己的研究方向选择课题，在导师的指导下开展研究工作。硕士生一般是在自己的学科范围内，选择某一课题，开展研究工作，一般要求能解决一个具体的问题；而博士生的课题要求追踪学术前沿，紧跟国际科学和技术发展的最新动态，选择一个甚至是多个课题开展研究，最后形成博士论文。在取得成果的同时要学会独立进行科学研究，具有独立进行创造性研究的能力。高水平的博士研究成果要求能提出问题。

三、开放性

作为高等教育的一个子系统，研究生教育最活跃、与社会联系最密切、也最具开放性。其开放性的表现是多方面。

1.对社会的开放

随着经济的日益活跃、社会的进一步开放，人们在物质、信息、人才等方面的交流、交换日益增多，研究生教育要实现自我更新、自我发展、保持活力，必然要适应社会环境的发展变化，对社会开放；其次，高校走学研产结合之路已成为世界潮流。由于研究生基本上都参与了导师的科研项目，其中相当多的项目成为与企业或其他社会机构的横向课题，这使得研究生教育成为学校与社会联系的纽带，这也是其开放性的重要标志；再次，多样化的培养模式——各种专业学位、同等学力申请学位等也使研究生教育更加社会化。

2.对世界的开放

研究生教育的"高、前、深、远"的特点使它必须主动选择走向国际社会,时刻关注世界科技、经济等方面的最新发展与变化,广泛开展国际交流与合作,这是保持学术活力与持续竞争力的唯一途径。对于研究型的大学尤其如此,否则就会失去国际参照标准。

四、创造性

创造是对人的智慧的最好检验,是人类社会进步的根本动力。相应于专门的系统的研究训练,研究生培养的目标自然也更强调创造能力的提升,在知识领域更强调坚实、专门和前沿,不只是创造性地学习,而且必须学会创造(以出创造成果为标志)。本科生也要创造性地学习,但研究生必须学习创造。因此,创新教育是研究生教育的内在要求。

从培养目标来看,研究生教育是培养高素质的具有创新能力的专门技术人才。可以说创新教育是研究生教育最本质的特征。研究生,特别是博士生的研究不能重复前人的工作,因为科学的发展日新月异,旧的研究领域在不断地成熟,新的研究领域会不断地取而代之。博士生必须开辟新的研究领域,才可能得到创造性的成果。他们的工作就是从事科学研究和从事创造性劳动。从培养研究生的主体来看,研究生教育应当是创新教育。

我国的研究生培养单位都集中在大学和科研院所,这些单位是国家高级人才最密集、人力资源最丰富的地方。它们是新知识、新理论、新技术、新方法的重要发源地。据有关资料统计,21 世纪以来影响人类命运的重大科技发现中有 70%来自高校,特别是来自著名的研究型大学,这类大学之所以是研究型,原因之一就是由于它们拥有强大的研究生教育。如果把一个国家的教育层次用金字塔来比喻的话,研究生教育无疑处在塔尖的位置,因此,我们完全可以认为创造性是研究生教育的核心内容或曰"灵魂"。

第三节　影响创新型研究生教育的因素分析

创新型研究生培养是一个系统工程,其中,导师队伍建设、课程教学、科学研究、学位论文和教育环境是研究生创新能力形成过程的基本要素。

一、导师队伍建设

高水平的导师队伍是培养创新人才的前提，导师对研究生的创新性培养有重要影响，是提高学生创新意识和能力的关键因素。纵观具有较强创新能力的高层次专门人才，无不具备可贵的创新品质、创新精神。创新品质和创新精神是创新性人才的重要特征。创新精神和创新品质有先天的成分，但更多的是在后天环境中逐步形成的，尤其是与导师潜移默化的激发有着密切联系。

据有关专家学者研究，创新型人才应具有下列重要的精神或品质特征：具有开拓精神，不墨守成规，喜欢做挑战性的工作；具有创新风险意识，敢于冒险；有恒心和毅力；有敬业精神和责任心；有强烈的自信心；兴趣广泛，信息沟通广泛；有好奇心，并能够为之努力拼搏；演绎能力强，理论应用于实践能力强；有远大抱负，有魄力；有感染力，能影响和号召他人共同工作；善于控制和调节情绪与情感等。

上述的创新精神或品质与导师的有意激发有着密切的联系。据问卷调查，激发研究生创新精神和创新品质的师生因素主要有以下几种因素（按调查中的支持率顺序排列）：导师不搞一言堂，充分鼓励创新思想；导师能体谅学生，与学生协调解决个人发展和研究之间的关系，充分尊重学生的个人发展；导师的学术水平高；研究计划灵活，能根据个人情况调整；导师人格素质高；导师提供更多更新的研究资料；导师的重视和赏识，导师提供参加学术交流、学术会议、出差调研的机会，导师的要求严格等。

高水平的导师考虑到以上因素，并注意充分调动学生的主动性，培养学生的能动意识，挖掘他们的潜力。允许学生走弯路，当学生遇到问题时，导师能进行及时地指导，但是真正的工作让学生自己完成。同时导师的知识创新也直接影响着研究生创新能力的形成与发展。

复旦大学在2004年同时获得三项国家自然科学奖绝非偶然，这与他们有一支高水平的导师队伍分不开。其中，数学研究所陈天平教授的特点就是比较愿意涉猎新的研究领域，他非常坦率地说："在科研上一定要有点'喜新厌旧'。"他眼里的"喜新"，除了从事新的研究课题外，更重要的是在研究方法上要有创新，有自己的新思想，走自己的路，不能老跟着别人走。而要"喜新"就要冒失败的风险，要有执着追求的精神。正是凭着执着的追求精神，他们小组的获奖项目"神经网络的非线性印照理论，信号盲分离和主成分（小成分）分析"获得2004年度信息科学领域的自然科学奖二等奖。他的这种创新思想和执着追求，渗透在研究生的培养工作中，潜移默化地影响着学生。

可见，导师队伍的建设对于提高研究生的培养质量，增强研究生的创新能力起着重要的作用。从某种程度上可以说，塑造一支高素质、创新能力强的研究生导师队伍是形成和发展研究生创新能力的重要保证。

二、研究生课程教学

2000年教育部在《关于加强和改进研究生培养工作的几点意见》中，提出"硕士生课程设置要具有前沿性和前瞻性"；"博士生课程以提高学生创新的能力的需要来确定"；"充分发挥研究生的主动性和自觉性，更多地采用启发式、研讨式、参与式教学方式"。这里从研究生的课程设置到教学方法均突出其创造性。关于研究生课程教学对研究生创新能力培养的影响表现在以下几个方面。

1.研究生课程教学是提高研究生科研、创新能力的关键所在

课程的本质是以学生为主体，强调学生个体学习的积极性、主动性，以及学生在课程学习过程中与"知识""文化"之间的互动关系。通过课程学习，学生可以不断提高自己的学习能力、思考能力、发现和解决问题能力以及科研和创新能力。

研究生教育区别于其他层次教育的不同点在于"研究"。研究生的整个培养过程就是研究生在学习中研究、在研究中学习的过程。研究生进行课程学习不仅是学习基础理论、专业知识，而且是在复杂深入的理论专业知识学习过程中激发有意义的学习动机，发挥潜在的高层次思维能力，辩证地、全方位地分析与探索复杂问题，创造性地利用理论知识来解决科学发现、技术发明、经济发展和社会进步中的种种具体问题，为社会创造和

生产新知识。

2.研究生课程设置、课程教学内容直接影响研究生科研、创新能力的提高

研究生培养主要依据是研究生培养方案,而培养方案的核心内容则是研究生课程设置。构建合理完善的研究生课程体系,对提高研究生科研创新能力有着直接影响。

在研究生课程设置体系中一般将研究生课程分为三类,即学位基础课、专业必修课和部分选修课。我们知道,任何科学研究和创新活动都是以知识为前提的,研究生的学位基础课程为研究生科研、创新活动提供了宽广扎实的基础理论知识,使得研究生具备了基本的科研、创新能力。专业必修课程不仅提供学生丰富广阔的专业知识,而且直接引导学生通向应用领域,紧跟科学发展前沿,拓宽学术视野,激活创造性思维,提高对科学变化的"嗅觉",帮助学生随时捕捉对科研、创新有用的信息。

而选修课程有的是针对专业方向特点和学生掌握知识的具体情况,进行"拾遗补阙",完善学生知识结构,为科研、创新做好必要准备;有的如文献检索、科学研究方法、科技创新论等,则是让学生直接接受科研和思维方法的训练,进行科研、创新的教育。

所以,研究生课程设置中每类课程都和研究生科研、创新能力的提高有着直接关系。不仅如此,研究生的课程教学内容也直接影响着研究生科研、创新能力的提高。过于陈旧的教学内容、严重滞后的教材内容,不仅跟不上时代发展的需要,而且严重影响学生在原有知识上的创新,是研究生科研、创新能力培养的桎梏。

3.先进的课程教学手段、灵活多样的教学方法对研究生科研、创新能力的提高起着重要作用

先进的课程教学手段和启发式、研讨式等灵活多样的教学方法不仅是导师引导研究生从不知到知、从少知到多知的过程,而且是导师传授如何求知、如何创造真知的过程,更是教师与学生、学生与学生相互作用的过程。在这样的课程教学氛围中,有着较高学术水平和独特思维方式的教师与具有一定见解、思维活跃的学生之间能产生多种思维风格和学术观点的交叉、融会,进而迸发智慧火花,形成有益于研究生个人研究力和创造力

发展的思维能力，从而使得研究生科研、创新能力在课程教学中得以不断提高。

在研究生阶段，课程的合理设置，前沿的教学内容的配置，有利于开发创新思维的教学方法的运用，对创新型研究生的培养起到积极的作用。可以说，课程教学是创新型研究生培养的基础。

三、研究生科学研究

研究生教育是为社会各领域提供高层次专门人才服务的。研究生是未来科学研究与学术研究、技术与开发研究、高层次的教学工作和社会各领域管理工作的中流砥柱，将成为推动科技进步和社会发展的生力军。研究生与本科生的最大区别就在"研究"二字上，科学研究是研究生各种能力的综合训练，是研究生创新能力培养的关键。创新能力是研究生诸多能力中最为核心的能力，它的养成需要诸多的能力共同支撑、相互促进。研究生在科研方面所需要具备的选题、文献查找分析、方案设计与实施、论文撰写等能力，都是具体科研实践所必备的能力，而获得这些能力最好的途径之一就是参加科学研究。

科学研究是一种创新活动，是在全面了解和掌握前人积累的知识和经验基础上发现新知识和形成新技术的活动，是研究生进入学科前沿的主要手段。只有通过科学研究活动，才能使创新性思维能力，探索和开拓新领域的能力，获取知识、运用知识和创新知识的能力，独立思考、独立判断和独立从事科研工作的能力，学术交流能力，创新能力和创新性个性品质的自我养成等能力和素质得到训练和培养。

研究生既是学生，又是研究人员，是导师的得力助手，是一支奋发向上、关系高等学校科学研究水平的科研生力军。实践已证明，不少做出重大成果的导师，他们的成就中都有研究生的贡献。研究生，尤其是博士生的科学研究，一般都处于本学科的前沿，具有创新性。

科学研究已成为培养研究生组织能力、协调能力、社交合作能力、发现问题和解决问题的能力、创新能力的重要途径。从某种程度上说，研究生的科研能力、创新能力一定程度上关系到高等学校和科研单位的科研创新程度。科研活动的类型和性质、研究生参与科研活动的方式和程度，研究生科研活动的管理方式，科研方法的训练等都是影响研究生创新能力培养的主要因素。科学研究是创新型研究生培养的关键环节。

四、学位论文写作

学位论文是研究生培养的最后一道关口，从某种意义上讲也是最重要的关口。一方面，作为终结，博士生必须取得研究成果；另一方面，作为过程，通过完成论文来培养独立进行研究的能力。这是进行研究训练的主要环节，也是研究生创新能力培养的关键过程。

张楚廷教授就学位论文对于研究生创新能力培养的作用，提出他的看法："具体来说，通过论文来学习选题（选择课题），查阅文献，提出主要论点，进行论证（或逻辑的，或实证的，或比较的），也学习写作。关键在有没有创见（发现或者发明），并对自己的论题（或方案，或设计）进行充分论证。"学位论文是研究生的科研实践与基础理论相结合，进行升华结晶的产物。从论文撰写到论文答辩是研究生自我总结提高创新的过程，一般来说，通过论文的撰写过程，研究生提升了发现问题、分析问题的能力，提升了组织材料的能力，提升了进行推理或实验设计的能力等。

撰写学位论文是一个训练过程，是一个全面学习创造的过程，是一个进行研究并必须取得成果的过程，因而，也可以说是研究生学习阶段十分神圣的项目。论文撰写的水平在很大程度上代表了研究生培养水平。除了学位课程学习外，最需要严格把好关的便是学位论文，论文质量也自然成了研究生培养质量的关键。

五、研究生培养环境营造

环境可激发研究生的创造力，也可抑止创造力的发挥。在某种程度上，环境决定个人创新能力的发挥与创新成果的获得。研究生所处的培养环境是学科环境、制度环境和人际环境的综合：学科信息化程度；学术争鸣气氛；因材施教；尊重个性的环境；各类学术活动的丰富性；学生具有多学科或跨学科背景；民主的学习气氛；实验设备、图书资料等硬件的条件；培养模式和组织灵活，服务周到，管理科学；对创新成果的物质和精神奖励情况等。能否营造有利于创新的环境，对研究生个性发展和创新能力培养具有重要作用。

　　创新环境主要是通过物质的或精神的、制度化的或非制度化的、显性的或隐性的教育影响，作用于研究生的思想观念、心理发展、个性品格等，进而对研究生创新能力的培养起积极的推动作用，创新环境营造是研究生创新能力培养的重要保障。

第六章 研究生教育发展趋势与创新型实践模式

第一节 研究生教育的发展趋势

一、多样化趋势

研究生教育的培养目标不仅要培养从事严谨的学术研究的高层次研究者,也要培养在社会中能够多方面发挥作用的高水准的专门职业人才。全新的培养目标应该是满足人再学习的需求的。可以预计,在社会的压力下,今后成年人将不断追求自身职业能力的提高,或者希望自身的学术水平能再上一个台阶。在这个过程中,他们必然要不断往返于社会与大学之间。研究生教育必然要面向这类追求新知识和新技术的人员,承担起对其进行再教育的职能。

二、弹性化趋势

（一）入学资格弹性化

入学资格的自由度提高和不拘形式是高等教育发展的方向。就研究生教育来说,由于高等教育机构越来越多地向通常所说的"正规生"以外的各种各样的人士开放,攻读研究生学位的各类成年人逐渐增加,学生在同一领域的修业水平出现差距,因此,单一的录取标准已经不适应研究生教育的发展,必须建立针对不同对象的弹性化选拔制度。西半球有许多国家通过降低对博士学位申请者的年龄要求来增加入学资格方面的灵活性。而在东半球的日本，同样采取了放宽入学资格限制的措施，使成绩优秀的本科生大学三年级就可以进入硕士课程学习；高等专门学校及短期大学毕业者，如具有一定的研究经历或实际经验，则承认其研究生院入学资格；大学毕业后，在研究所从事两年以上研究并成绩优秀者，可直接进入博士后期课程学习。

（二）学习年限弹性化

20世纪70年代和80年代早期，许多国家的研究生获得博士学位所需的时间较长，尤其是人文学科和社会学科的研究生。尽管通常博士学位的学习年限是3~4年，但获得博士学位实际需要的时间显然要比规定年限长得多。这一现象在20世纪90年代已经产生了变化，教授们不再主张让学生慢一些取得学位，在一些发达国家还出现了缩短学习年限的趋势。在英国，两年制的MBA培养模式已基本不复存在，新的学习年限从10个月至21个月不等。实际上，一年制的MBA模式目前在欧洲已很常见。

（三）学习方式弹性化

在终生教育思想的影响下，研究生教育的学习方式不再仅限于全日制，部分时间制和各种远距离教育计划开始盛行。英国半日制工商管理硕士生的数量已经是全日制学生的两倍。英国还于1994年首次开设非全日制博士学位课程，由英国经济和社会研究委员会（ESRC）为攻读该学位的博士生提供资助。该委员会主席霍华德·纽比说：我们一直渴望提供一种渠道，能使更多的人攻读博士学位课程。如果我们把这些名额都规定为全日制学习，我们拥有的财力将无法满足应发放的奖学金。90年代末及以后的年代里，现有的学术界都需要更新了。

（四）学位要求弹性化

在英国，有相当数量的商学院将学生在公司里承担的课题项目作为学位要求，取代过去的论文形式，目前这已经成为一种通用的标准。

三、国际化趋势

（一）研究生教育国际化的内涵

研究生教育国际化的内涵十分丰富，其内容至少应包括以下几方面。

1. 研究生的国际化

世界一流大学都十分重视学生的国际交流，在校的外国留学生比例较高。留学生既是学生也是文化使者，他们在留学过程中，促进了国际科技、文化的交流与渗透。

2. 教师的国际化

高等学校是培养高层次人才的摇篮，必须拥有一支实力雄厚、具有学术创造热情的、充满活力的研究生导师队伍。高等学校不仅要让教师经常走出国门，而且要不断地把国外那些有学术活力的知名学者请进来，通过教学、科研进行广泛的学术交流，使学校成为国际化的学术社会，使教师队伍具有国际水准，使教学、科研始终处于世界教育与科技的前沿。

3. 教学内容的国际化

不随时代和科技的发展而更新的教学内容不能够培养出具有创新能力和创新精神的学生。世界各国应相互学习，在教学内容与方法上与国际接轨，进一步提高研究生的培养质量，适应研究生国际化的需要。

4. 学位制度的国际化

学位制度是各国普遍采用的研究生培养制度。我国的学位制度虽具有本国特色，但现行学位制度中的一些规定与教育全球化是无法协调的，如国家统一设置授予博士、硕士学位和培养研究生的学科、专业目录等，在过去虽在保证研究生培养质量方面发挥了作用，但现在已不太适应时代的发展了，特别是不利于学科的交叉、交融和新学科的产生，不利于研究生教育的个性化发展，不利于学校参与国内外竞争和自主办学。要走研究生教育国际化的道路，就必须继续借鉴国际上好的做法，进一步深化改革。

5. 研究生教育观念的国际化

观念国际化是研究生教育国际化的一个方面。我国是一个教育大国，但不是一个教育强国。我们的研究生教育与世界上的教育强国相比，在很多方面都有差距，必须尽快融入国际研究生教育的主流中，在参与竞争中求发展，与教育强国对话和交流。采取对外合作办学的方式必须明确合作的目的，端正办学思想，把合作办学作为与国际接轨的发展契机，而不可把合作办学只视为一种创收手段。

（二）研究生教育国际化是一种必然的趋势

研究生教育如何面对全球经济一体化的挑战，如何面对国际市场，如何培养出能够参与国际竞争的人才，已经成为摆在高校面前亟待研究和解决的一个问题，也是一个涉及研究生教育现代化、多元化、国际化以及个性化改革的深层次问题。

研究生教育国际化不仅是适应全球经济一体化、教育全球化发展的需要，也是创建国际一流大学的需要。一流大学不是自封的，也不是上级命名的。要成为一流大学，既要扎扎实实搞好教学与科研，苦练内功，还要走开放办学的道路，加强国内外交流。特别要有全球化意识，积极参与国际竞争，在竞争中发展自己，在竞争中创出声誉，进入国际高等教育的主流。而研究生教育的国际化正是促进高校进入国际知名或一流大学行列的重要手段，也是衡量一个大学国际化水平的重要标志。

当然，我们必须指出，研究生教育的国际化并非全盘欧化或美国化，每个国家必须保持各自的优良传统，发挥自己的优势，探索自己的特色，只有这样才能与其他国家平等地交流，才能拥有自己的位置，才能立于世界，也才能得到国际社会的承认与尊重。

第二节 研究生教育的创新型实践模式

改进研究生培养模式，就是要不断探索和发现在新的社会形态下适合高层次人才培养的规律和特点，根据社会发展的需求，积极开展模式创新，从而形成符合国情、有利于研究生全面素质提高、有利于研究生创新能力和个性发展的，与经济、社会和科技发展紧密结合的研究生培养模式。

实践的层面是现实的层面、大众的层面，是要花大气力的层面，正像高尔基所说"每个人都知道,把语言化为行动,比把行动化为语言困难得多"。目前这一层面需要给予更大的关注、更多的讨论和实践。根据前面所阐述的研究生理想培养模式的理念和指向,紧紧围绕提高研究生培养质量这一核心,运用系统方式来认识和处理研究生培养问题,从观念、制度和实践等多个层面,从教学、研究、管理、环境等多个方面,全面推进研究生培养模式的变革。以下结合我国研究生教育培养模式中存在的问题,提出研究生培养模式改革的策略。

一、坚持卓越理念,把握研究生教育的本质特征

教育理念是教育活动中应坚守的原则、信念或追求的理想,是实现教育目的的思想保证。目前,我国高等教育的发展正逐步从"精英教育"阶段向"大众化教育"阶段转变。这一转变会给高等教育的各方面带来深刻的变革。从办学思想上来说,它要求高等教育办学的主要出发点从满足国家的人才需求逐步转向更进一步满足人民群众日益增长的教育文化需求;从入学制度上,它要求高等学校的招生从严格选拔型逐步向空间更大的开放型转变;在办学模式和人才培养的规格上,也会要求其从原来的单一化向多样化转变。自然这一转变也影响着作为高等教育最高层次的研究生教育。特别是近几年,随着我国研究生教育积极发展战略的实施,规模的日益扩大,研究生教育的各方面无疑也会产生深刻的变化。但无论怎样转变,研究生教育始终应该坚持追求卓越的教育观念,把握培养精英这一本质特征,在人才培养和科学研究上尽可能追求更高的水平。

精英教育,主要体现为一种渗透性的教育思想,一种超越性的价值追求。人们常说一个人在举手投足之间已充分向外人显示出他是一个怎样的人,研究生教育也是如此,我们同样可以通过它的点滴事情悟出它的生命轨迹。如果研究生教育把培养精英人才视为它的生命追求、视为它的灵魂,那么,这种追求就会贯穿于研究生教育的所有活动之中,这种灵魂就会体现在研究生、导师和管理者的身上。在研究生教育实践中,如何将这一教育理念、培养目标体现于研究生培养模式当中,关键在于以下两个方面。

(一)观念上:摒弃与卓越理念相左的教育观念

虽然规模扩大直接引发了研究生教育的"质量危机",然而,规模的

扩大本身与追求卓越的教育理念并不存在必然的冲突。也就是说，导致研究生教育质量滑坡的症结，不是规模扩大本身，而是与追求卓越的教育思想相左的教育观念和与培养精英人才格格不入的社会氛围。因此，从观念上，应避免以下两点。

1. 避免因扩大规模而忽略研究生教育的精英性

当前，高等教育大众化已经成为我国教育发展的不争的事实。据《中共中央国务院关于深化教育改革全面推进素质教育的决定》，"要创建若干所具有世界先进水平的一流大学和一批一流学科，在高等学校建设一批既出人才、又出成果的基础研究和应用研究基地，为国家创新体系建设和现代化建设做出贡献"。这个文件为我国21世纪前5年高等教育发展提出了两个明确、可行的发展任务：一是顺利实现高等教育的大众化，满足现代化建设对人才的需要；二是要持续提高高等教育质量，确保精英人才的培养。然而，目前发展的现实反映出，我们过于强化了前者而忽略了后者。在高等教育扩招的背景下，许多人甚至乐观地相信"当量积累到一定程度的时候，就会带来质的提升"，由此，"宽进严出"不约而同地成为一些培养单位吸纳生源的"高招"，接受研究生教育的机会基本上无多限制地向不同需要的人提供。

事实上，研究生教育面对高等教育大众化的冲击已经做出了相应调整，最主要的表现之一是研究生教育大规模的扩招。然而，高等教育大众化给研究生教育带来的不仅仅是诸如研究生扩招之类的实践上的问题，从研究生教育思想高度来看，目前实践中的具体问题与研究生教育发展的基本理论问题相关：在高等教育大众化过程中，研究生教育的发展趋势是继续走精英教育的路子还是表现为大众化的走向，或者研究生教育呈现出另外一种发展趋势？当前我国研究生教育的扩招持续性问题、扩招的规模问题、研究生教育质量问题、人才观问题、管理体制问题等都与该问题紧密联系。这正是高等教育大众化给研究生教育理论界带来的更值得关注的理论难题，而且对该问题的回答是否科学所产生的影响远甚于对具体研究生教育问题的解决。我国学者曾经指出，我国的国情、国力和高等教育的特点决定了兼有大众教育和研究型大学的英才教育类型是我国的必然选择，除了强调"英才教育类型是我国的必然选择"，还强调了"研究型大学的英才教育"我们不仅不能抛弃，而且更应该重视。

因此，走出"研究生教育的本科化"的畸形，这不仅需要我们在进一步端正研究生教育的理念上做深刻的认识，更重要的是要求我们的高等院校和科研院所必须要严格控制招生名额。研究生教育阶段盲目跟风式的大规模扩招必须尽快得到有效遏制，研究生教育的培养质量有必要进一步提升，研究生招生与毕业的总量必须要得到国家宏观控制，告别"大跃进"式的研究生教育，丢掉仅依据研究生在校总人数而互相攀比的恶习，应该建立起研究生教育精英化的理念，在市场经济的浪潮中始终坚守精英教育的核心理念不动摇，这是我国研究生教育势在必行的当务之急。只有高等院校和科研院所的研究生教育自觉持守精英教育的目标，才能真正在源头上有效地遏制住"研究生教育本科化"的危险倾向。

社会永远是分层的，社会职业也永远是分层的，当多数或所有适龄青年都有机会接受高等教育的时候，社会便可能从低学历层次向着注重高学历的方向发展。这一水涨船高的现象，也反映了学历社会高等教育发展的必然规律。物以稀为贵，研究生教育永远是一种社会稀缺资源，即使规模有所扩大，人数有所增加，但终究有限。因此，高等教育的大众化，不应对研究生教育产生过大的冲击。高等教育大众化理论的创始人马丁·特罗在《从精英向大众高等教育转变中的问题》一文中指出："大众高等教育的发展不一定要破坏精英高等教育机构及其组成部分，或者是一定要转变成大众高等教育机构。精英高等教育确实仍在发挥着大众高等教育所不能发挥的作用，其中的一些功用是教育和训练经过严格选拔的学生，以使它们适应高标准和高度创造性的脑力工作。"

在大众化阶段，精英高等教育不仅存在而且很繁荣。可见，大众化高等教育阶段，不是"化"掉精英教育，而是进一步凸显精英教育的价值。

高等教育应与时俱进，不断发展，而且应守住根基，不为外物所动。我们不能因强调大众化而忽略作为高等教育最高层次的研究生教育的精英性，要尽力维持研究生教育的水准。作为培养硕士博士的研究生教育，高等院校和科研院所必须要充分认识到精英教育的必要性和紧迫性。在当前，应强调研究生教育必须坚持精英教育的理念，这并不是违背教育民主化宗旨的精英至上主义论调式的宣扬，实际上这是在维护社会秩序和促进经济繁荣。

2.避免因适应市场而导致价值取向上的失衡

学术取向、市场取向、人文取向是教育价值观的三种取向。市场是调节资源配置的有效途径，它追求的目标是利润的最大化。它的运行逻辑都沿着这一基本的目标展开，因此功利性是它最基本的特征之一。市场的选择、市场对资源的配置都是按照"是否有用"甚至是"是否立刻有用"的标准进行的，因此，在"学"和"术"之间，它必然重"术"而轻"学"，造成布鲁贝克所说的学术的"格雷欣法则"，导致"术"盛行而"学"衰落。市场取向的局限首先表现为它与研究生教育质量学术取向的冲突。而遵照学术的逻辑，"学"与"术"是并行不悖的两方面，对于高深学问的长远发展来说，"学"比"术"更为重要。另外，市场的逻辑还包括通过积极地参与竞争获得利润，而学术发展却要求与外部世界保持一定的距离。

学术取向是研究生教育始终不能放弃的标准。它是研究生教育特性的标准，也是研究生教育内在发展逻辑的必然要求。离开了学术标准的支撑，单纯的市场取向将违背研究生教育发展的内在规律。因此，市场取向必须以不过度损害学术标准为准绳。但是，由于市场本身的局限性，市场取向对学术标准的冲击有时是不可避免的。这种冲击来自市场逻辑与学术发展逻辑的冲突。

在它们之间不应进行非此即彼的选择，而是在三者之间进行协调和整合。离开学术导向，会将研究生教育带入"适应论"的泥坑，始终被市场牵着鼻子走，最终迷失方向；离开市场取向，则会使研究生教育趋于保守，缺乏生机和活力，从而失去公众和社会的支持，丧失生存和发展的良好机遇；而离开人文取向，则会使研究生教育变成短视的、急功近利的活动，失去理想主义的激情，丧失其可贵的对社会和个人的引导功能。

（二）操作上：将追求卓越的教育理念贯穿于研究生培养的全过程

培养研究生的科学探索精神和创造性研究的素质，既是研究生教育的本质要求，也是反映卓越教育理念的研究生培养目标的精髓之所在。

首先，把录取新生作为培养创造性人才、塑造科学精神的工作起点，不仅要看申请人的学历、学位、教授推荐意见、必需的考试成绩和社会经历等"常规"条件，还要通过面试、加试、笔试等方式来考查其创造性思维能力、分析表达能力、应变适应能力等素质。坚持研究生教育是"高度选择型教育"。

其次，在制订研究生学习计划、安排研究生的有关活动时，把怎样有利于培养和发扬研究生的科学探索精神、提高创造性研究的素质作为它们考虑问题的着眼点。在常规的课程学习和教学大纲中，教师的讲课要非常精练且具有启发性。对学生提出的问题，教师先不要给出答案，而应以进一步深入的启发引导学生去独立思考或互相展开讨论。

还有，研究生导师要注意将自己的最新研究成果，或是学术界近期的研究进展及时补充到课程讲授中，而有些选修课程的教材就是由相关领域正在发生的有代表性的学术观点、科技动态等内容以活页的形式分期汇集而成的。

以上思路是与精英教育的本质要求相吻合的，对于养成研究生的学术敏锐性，培养科学探索精神有着特殊的作用和意义，这也是精英意识和精英精神在研究生培养实践中生动的体现。

二、树立精品意识，规范培养过程

有学者指出："高等学校作为培养高层次人才的重要场所，其作用于培养对象、影响培养质量的因素有很多，但具体的培养方法和教育手段，恐怕是人才教育长链中最接近学生、最直接制约效度的一环了。"可见，我国研究生培养质量的提高关键在于研究生培养过程的优化。

第二次世界大战后发达国家研究生教育在数量上有了很大的发展，但数量的发展并不是以质量的下降为代价的，而是要质量与数量共同发展并举。为了保证研究生教育的质量，发达国家高等学校从招生、课程学习、科学训练、论文写作、论文答辩、学位授予等各个环节，都严把质量关，并且重点抓好以下几个环节：①建立高水平的研究生课程体系，特别重视跨学科课程以及反映学科基本理论和前沿问题的课程；②强化研究生的科学研究训练，培养研究生的独立科研能力和严谨的科研态度；③注重实验、实习和实践锻炼，促进理论与实际的结合；④对博士论文提出严格的创新性要求，要求博士论文必须在理论上有独创性的贡献，或者在实践探索方面有创新性；⑤通过论文评阅和论文答辩两个环节，严把学位授予关。

（一）既要抓好课程教学，又要重视科研

研究生的培养应始终把教学和科研作为研究生教育相辅相成的两翼，把教学活动和科研活动的相结合、相统一，作为提高研究生教育质量的有效途径。如果说课程的教学主要是在研究生学习的前期，那么，科学研究则是贯穿研究生学习计划的一个重要内容。

1.加强课程教学

课程教学模式的改革涉及课程体系、教学内容、教学方法等一系列环节。总体而言，课程体系与教学内容的设置是人才培养目标的主要落脚点，也是研究生教育改革的核心。研究生的课程教学应当在课程设置、教学内容、教学方式等方面体现培养目标的价值取向。改革课程教学，既要重视课程调整和内容更新，又要重视改进教学方式和教学手段。研究生教学内容与课程体系要适应新世纪科学技术、经济、社会发展的需要，要从研究生培养目标出发，根据培养目标的要求更新教学内容，优化课程体系，打破学科、课程间的壁垒，加强课程与课程之间在逻辑和结构上的联系与结合。精选教学内容，并不断充实反映科学技术和社会发展的最新成果，教给学生科学的思维方法，为学生探索新事物、培养创新能力奠定基础。

（1）课程在研究生这一培养阶段，应在多方面加以完善。①要体现"高、深、新、宽"的特点；②要重在智力和科研能力的培养，这种培养意识应是一种研究的准备工作，而不是研究本身，它应该先于研究，但决不能代替研究；③要突出研究性和自主性。假定研究是一个点，可以培养学生在某一具体知识领域内纵向深入的能力，那么课程就是一个面，可以拓展学生的视野和知识的广度。两者相辅相成，相得益彰，主要问题是如何处理好两者的关系。美国的博士生课程的立足点是发展学生的理解能力和批判地评估本专业领域的学术成果的能力，发展学生运用适当的原理和方法来认识、评价、解释和理解本专业领域最前沿知识、有争议问题的能力。

（2）提高要求，规范课程体系。在课程设置上，要有利于形成合理的知识结构，而合理的知识结构是逐步形成、动态发展的。从培养阶段上说，要统筹安排硕士生阶段和博士生阶段的课程学习，使他们既相互衔接又分出层次。从形成方式讲，要鼓励研究生通过课程教学和科研活动自主完成知识的构建。因此，课程设置还要注意为研究生出创新成果服务，使部分课程教学与学位论文、科研工作结合起来。

在教学内容上，应避免陈旧、单调。教师应对课程内容进行深入系统地研究，并及时对教学大纲进行修订；新世纪的课程应注重引入学科前沿研究动态的相关内容，及时将新技术、新工艺、新知识等重大科技成果补充进教学内容中，逐步培养学生的创新意识和创新能力。既要重视学科的概念、理论和方法，又要反映概念形成、理论建立和发展的过程，避免把研究生的课程学习变成本科阶段的简单延伸。

（3）重视跨学科的学习。如今综合性或跨学科课程设置的数量与水平已经成为衡量研究生课程水平高低的重要标志之一。在培养计划中要明确要求学生选修相关领域的课程或规定辅修学科，从而拓宽学生的知识面，以利于达到具有坚实宽广的基础理论与系统深入的专门知识的培养目标。因此既要鼓励他们熟练使用"显微镜"窥见本学科的本质与奥秘，也要使他们经常使用"望远镜"，掌握未来发展的方向及其他学科进展的现状。在课程设置上要充分体现"拓宽基础，追踪前沿"的教学要求，强调基础理论课学习和跨学科的课程学习。

以美国为例：在美国研究生教育中，一个明显的变革是所有大学都在更多地考虑采用跨学科学习计划，重点大学更是如此。例如麻省理工学院提出"没有第一流的理学院，就没有第一流的工学院"，并建立起独立的理学院，聘著名的科学家任教，加强理科本身研究，从此结束了理科之为工科开课的配角地位。随后，该校又进一步重视人文科学和社会科学，建立起与理学院地位相当的人文与社会科学院，配以第一流的教授。现在，美国其他著名大学也通过建立跨学科的课题组、实验室、研究中心、跨系委员会等多种形式来协调跨学科的科研工作和促进交叉学科的发展，并以此来促进跨学科的博士、硕士人才的培养，使研究生培养水平不断提高。

美国没有统一的专业目录，学科的设置相对灵活。但各校都鼓励不同学科的交叉和合作。以加州理工学院为例，该校下设6个学院，每个学院下设若干个系。在学科交叉方面的做法是：①每个学院都设有公共基础课程，该学院各个系的学生都必须选修，这样学生的基础知识范围就相当广博宽厚；②各个系的科研人员在交叉领域内共同申请课题，共同进行合作研究；③各个系接收外来教师或教师的提升都需要由整个学院的任职教授共同投票决定；④博士生在入学时一般不报导师，而是按系报名，根据该系的学科特色,确定研究领域。录取博士生要由学院全体教授讨论决定。博士生入学后,经过二三个月的了解,开始选择导师,本学院学生可以选择其他学院的教师担任导师,导师也可以选择适合自己指导的外系的学生。学生可以转学院,也可以不转学院。如未转学院,其学位仍由其注册的学院授予。这种灵活的、跨学院的、跨学科的师生互选制度,不仅有利于培养复合型高层次人才,而且沟通了学院之间的联系,促进了学科的交叉和交叉学科的发展。

  美国各大学普遍认为:现代科技发展速度加快,只有掌握了广泛扎实的多学科基础理论知识,才容易进行专业转换和知识更新。硕士生中有许多人要再攻读博士学位,由一般人才向专家人才发展,广泛扎实的基础理论知识在硕士生阶段一定要掌握好。基于这些思想,美国对硕士生强调基本理论和基础知识训练,在社会科学、自然科学、工程技术科学领域内都要使学生掌握较扎实的基础理论知识,培养有广泛知识的通用型人才,其硕士生课程设置中,基础学科授课时数达到 50%以上,专业学科占 20%~30%。另外美国的课程设置强调文理渗透和跨学科。为适应现代科研向跨学科研究发展的需要,适应科学技术在生产、管理、教学中日益广泛的应用,以及各种职业对现代知识的综合要求,在研究生课程上重视学科渗透和文理交叉。从专业来看,跨学科授予的硕士在 20 世纪 90 年代已经达到 17.2 万人。

  美国的一些学校不但开设了较多的跨学科课程,还允许学生跨专业、跨学科、跨学院进行学习,指导教师也可以跨学校聘请。哈佛大学、麻省理工学院、普林斯顿大学等许多高校,除了开设更多的跨学科课程以外,还建立了跨学科的研究中心。教授带领研究生参加跨学科的科研活动,培养跨学科科研意识和能力。麻省理工学院设立了 40 多个跨学科研究中心。美国政府为集中大学的科研优势,鼓励大学直接从事有益于国家经济、科技、军事竞争的应用型科研,由国家科学基金会投资在一些大学建立了著名的跨学科研究中心和实验室。例如,普林斯顿大学的等离子物理实验室;麻省理工学院的光电子研究中心德雷珀实验室(研究宇宙空间技术)、人工智能实验室、空间系统研究中心、癌症研究中心、环境保护中心;伯克利加州大学的核科学研究中心;康奈尔大学的生物工程研究中心;布法罗纽约州立大学的超导研究所、地震研究中心等,成为美国跨学科研究的科研基地。美国每年在生物工程、细胞基因工程、地面、空间技术等方面跨学科研究取得的重大成果，都来自这些科研基地。国家每年向这些研究中心投入上亿美元。美国许多大学通过开设跨学科课程，建立跨学科的课题组、研究所、实验中心等来协调跨学科的教学、科研工作，促进交叉学科的发展，拓宽研究生的研究领域，跨学科培养已成为美国研究生教育的发展趋势。

（4）注重"研讨班"的教学方式。在教学方式与教学方法上，研究生应与本科生有质的区别，避免满堂灌的教学方法。研究生的教学应通过"研讨班"的形式，注重发挥学生的主动性，让学生自由探索和表达自己的观点，教师课堂教学应注重启发思维，引导讨论，更多地要求学生自己去讲去实践，有意识地培养学生独立思考的创新意识及科研能力，在师生间形成一种教与学的双向交流。应当更多地采用问题式、发现式和讨论式，鼓励研究生以自己的方式看待问题，为他们提供运用各种思维方式来看待所学知识和实际问题的机会，努力使课程学习成为师生共同探讨、获取新知的发展过程。著名教育家怀特曾说过："大学之所以存在，不在于传授给学生的知识，也不在于提供给教师的研究机会，而在于'富于想象'地探讨学问中把年轻人和老一辈联合起来，由积极的想象所产生的激动氛围转化了知识。"

这种教学方式适宜于研究生教育尤其是人文学科的教学。随着科学教育在大学的生根及其统治地位的确立，实验的方法、项目研究的方法等被广泛引入大学教学过程。但无论是苏格拉底式的对话式教学，还是通过教学与科学研究相结合的教学，都要求学生具有较深厚的知识基础，其目的都是培养高级专家。

2.重视科学研究

根据中国的情况，应当从四个方面抓落实：①把拥有科研经费作为导师招收研究生的必要条件，从政策上保证研究生进入论文阶段后能直接参与科研活动；②使研究生有一个正确的角色定位，让他们明白自己既是学生又是研究者，参与科研活动是他们学习的另一种重要方式，并探索研究生待遇由多元结构向"三助"工资加奖学金形式过渡的可行办法；③学校、企业和各级政府应当加强合作，比如共建科技园，设立风险投资基金，为研究生广泛参与科研活动创造条件；④严把论文质量关，着重抓好选题、开题、中期检查和评审等环节，以便带动研究生的科研活动，使之成为研究生创新品质培养的有效途径。

研究生的学位论文水平是研究生培养质量的一个重要标志。要做好论文工作须注意以下几点：①导师要抓好的选题。博士生的论文选题一般应在学科前沿或经济建设及科技进步中具有重大意义的领域中进行，选题必须具有创新性；硕士生应尽可能选择与社会实践、基础应用及技术推广等紧密结合的题目。②严把开题关，开题的目的在于要研究生做好文献的综述并据此对论文的目标、研究方法及可行性做论证报告，并通过开题及时得到各位指导教师的指导，少走弯路。另外，要防止开题报告流于形式。③对学生在论文答辩前必须在公开发行的刊物上发表的文章做一量化规定，这无疑对学生的科研是一种促进，也可为学位论文的工作打下良好的基础。④严格把好论文答辩关，加强对论文答辩的管理，采取建立专家库、对论文评阅人和答辩委员会成员实行随机抽检的办法，杜绝由于答辩委员与导师关系密切、碍于情面而对其学生"笔下留情"的现象发生。

（二）重视监控，完善管理运行机制

优化培养过程，需要建立和健全研究生培养的质量约束和竞争激励机制，强化过程的监控。

1.淘汰机制

总观我国的研究生教育，尤其是博士生教育，虽然在形式与规则上和美国著名大学相差不大，但实质上差距不小。近年来许多高校采取了一些质量保障措施，如实行"末位淘汰""一票否决""匿名评审"等制度，但实施起来阻力较大，因而效果不佳。笔者认为最大的差距在于我们对研究生培养的要求不够高，训练不够严格，没有一个行之有效的淘汰制度。总的来讲，攻读博士的学生素质还是比较高的，但学校在课程学习方面要求流于形式，绝大部分学生可以轻松地获得学分，没有强烈的课程学习压力。相当一部分的研究生专业课变成专业讨论课，任课教师在周围环境的影响下不愿严格要求学生。其次是课题来源受国内经济发展的限制，应用课题往往只解决较低水平的实际工程问题，而基金项目则局限于理论研究，实验室设备条件也有限，教师又常常过多地包办学生的课题研究工作，限制了学生创造力的发挥。另外学术环境中的不良风气更加大了与国外研究生教育的差距。大家都不愿得罪人，博士答辩的分数越来越高，博士生的文章越来越多，热衷于赶高精尖的新理论潮流的越来越多，但学术水平与实用价值越来越低。

因此，应建立和健全研究生培养的质量和竞争激励机制，强化过程的监控，尤其要推广"淘汰制"，对于不合格的研究生要实行淘汰制度。中国科学院院士、东南大学的冯纯伯教授就指出："要坚定不移地推行淘汰制。"

淘汰制的有效实施要靠所有研究生导师以及学校管理部门的协同努力，需要我们转变观念，同时要有具体可行的操作办法来保证。

首先，淘汰的目的是激励研究生在学习期间认真学习，努力钻研，使他们有紧迫感，增强竞争意识。这是和高科技社会优胜劣汰的竞争机制相适应的。我们不能也不应该把学生不能完成学业与导师的水平挂钩，对学生的严格要求是导师负责任的表现。

其次，从广义上讲，淘汰制包括筛选，招生过程事实上就是一种筛选过程。在研究生培养过程中的一些环节也可采用这种筛选机制，即有一定比例的一次不通过率，未通过某个环节的研究生有第二次重新完成该环节并达到要求的机会。为鼓励导师严把质量关，筛选可通过委员会或小组集体无记名投票的方式来操作。此外，系主任、学科负责人及学位评定委员会也应在研究生的招生、资格考试、论文选题、论文中期检查、论文答辩过程中发挥各自的监控作用。

在重视提高研究生教育质量的基础上，发现与培养杰出人才这一举措已引起各国普遍重视。许多国家利用不断淘汰和分流来遴选人才，发现杰出人才，通过一套有效而规范的管理办法对教学质量进行控制。其目的在于促进教与学的互动，提高研究生教育质量。一些发达国家如英国、法国、德国、美国，尽管各自的研究生培养模式、制度等有所不同，各具特色，但始终坚持用"淘汰率"保证培养质量。这些国家实施研究生培养淘汰机制的共同点主要有：①采取'宽进严出'的培养模式，保持入学率高和淘汰率高；②注重研究生的过程培养，建立资格考试和综合考试制度，实行分步或分段淘汰；③考核标准多样化，着重考核研究生的综合素质和能力以及创造精神；④学校（校长或系主任等）、学术组织（答辩委员会、学位委员会或考官）、导师有决定研究生的录取和淘汰的自主权；⑤具有科学规范的、严格的、系统的、完整的研究生培养的申请制度、考核制度、评审制度、淘汰制度及监督制度；⑥拥有灵活的、弹性的、配套的管理模式和实施淘汰机制的善后措施；⑦注重研究生培养质量的社会评价。例如，在英国，研究生的论文和考试卷，都必须由两个以上的教师交叉批阅，由课程主任确认。正如张振刚教授所说的："在英国赫尔大学攻读 MBA 的时候，每一门必修课程的考核由一个闭卷考试和撰写一篇课程论文组成。考试卷和课程论文一般由三个教师轮流批改，这在一定程度上保证了学生成绩的客观性和公正性，因为一篇毫无创新的论文是不可能连过三个教师的关口的。三个教师轮流批改并不是流于形式，如果觉得前一位老师给分高了，后一个老师一定会根据自己的判断将分数拉下来，最后由课程主任定夺。"考试卷上的学生的姓名是被密封的，教师无权开启而只能最后由教务员拆封。在评审研究生的学位论文时，专家小组一般由校内和校外专家组成，专家由学校指定而不是由学生导师指定。张振刚教授说："笔者于 2001 年 7 月被学校邀请回英国参加毕业典礼时惊讶地看到，所在的 MBA 班竟然有 20%的同学因为学位论文不合格而不能按时毕业。其中个别同学由于论文本身存在的抄袭问题（不是剽窃）而没有通过学校举行的特别听证会的答辩，以致失去了获得学位的资格。"这种宽进严出的管理有助于创新教育的实施。英国的大学还致力于教师和学生的教学互动。每门课结束时，学校就会发给学生问卷，以评估教师的教学效果，其中包括是否有效地激发学生的兴趣和创造能力。这在一定程度上有利于学生和教师的互动，有利于提高研究生教育质量。在美国，博士生的培养过程实行严格的资格考试及淘汰制度。资格考试内容涉及范围广泛，要求严格，学生需要为考试做长期的准备，不仅要掌握好专业知识，还要注意拓展知识面，了解相关学科的知识。由于实行淘汰制度，学生在课程修习、资格考试、论文研究等环节中都面临着激烈的竞争和强大的学习压力，客观上促进了学生更加努力地学习，同时有效地保障了博士生培养的质量。

国外的研究生尤其是博士生教育非常重视中期考核，大都建立有严格的规章制度。如日本的大学对研究生普遍实行开题报告，阶段"发表"（即讲述、汇报研究状况和进度等）等中期筛选制度。美国的博士生培养实行严格的淘汰制（如普林斯顿大学 E.E 系 1989 年录取 10 名博士生，经过资格考核等中期筛选，两年后获得博士候选资格者仅剩 6 人，淘汰率高达

40%）。相比之下，类似的考核制和淘汰制在我国尚未广泛推行，即使个别单位做了试点，也欠规范。对此，我国可以借鉴国外的做法并结合我国的实际，推出研究生中期筛选制度。中期考核不仅是对研究生知识结构、科研能力和创新意识的检验，同时也是集中征求本学科及相关学科专家的意见，帮助研究生进一步明确今后的主攻方向的最佳时期。通过考核，可以鼓励优秀，淘汰不合格的学生，有效地提高研究生学习的自觉性。这一制度可以对各个研究生培养单位，提出规范的筛选办法和程序，以及相关改革。通过这一制度的实施，可以消除不合格者获得学位的现象，提高研究生教育的质量。比如，在研究生入学第一年进行一次全面的考核，包括：课程、外语、科研、思想政治各方面，筛选掉一些不合格者；在入学第二年进行开题报告时，再筛选掉一些不具备获得相应学位水平者。对筛选掉的考生国家应出台政策，给予这些考生适当的培养并发给相应的学历证书。比如第一年后被筛选出局的发给学位课程班证书，对第二年后被筛选出局者发给研究生班证书等。

2. 评估机制

研究生教育要把追求卓越作为自己的目标。一个重要的手段就是：建立研究生教育评估制度，对涉及研究生教育质量的课程设置、教学水平、管理效率、社会适应、学校声誉和贡献等进行调查研究，分析成功的经验、存在的问题，吸纳改进的建议，并以此作为重要的依据，调整和完善研究生教育，维护研究生教育的质量和实现可持续发展。评估的方法按学科的不同而有所差异，主要有同行评估、社会评估或综合评估等。在社会评估方面，发达国家主要是通过政府、认可机构、专业协会、学校与专业排行榜、市场等力量控制研究生教育的质量。当然，由于各国研究生教育管理体制不同，在不同的国家里各种力量所发挥的作用也不尽相同。在实行分权体制的美国，没有一个国家法律或者规则来限定高等学校的质量，也没有全国性的官方高等教育评价组织，对质量的控制主要是通过民间的认可组织和专业协会、新闻媒体、高等教育系统联合组织、私人机构等实施的。而在实行集权体制的法国，国民教育部设有学位授予委员会负责博士生教育和学位授予工作，国家统一设计学位证书，并实行严格的监督和管理。研究生教育的质量控制工作虽然也有评估机构和专业协会等力量的参与，但主要是通过政府部门进行的。

所有评估中直接与学校教育培养过程相关的则是学生评估。这里，我们可以借鉴美国加州伯克利大学的博士生教育评估经验。其具体的做法如下：

——毕业生填写调查表。调查表包括博士生对院系、学校的意见，对研究生顾问的满意程度，对研究生教育总体水平的评估及毕业生即将从事的职业等内容。该意见表采取匿名方式填写，以保证反映情况的客观性、全面性和代表性。

——对毕业一年以后的博士生进行调查。该项调查的主要内容是毕业生走上社会一年以后的工作进展、取得成绩情况等。

——对已毕业十年的博士生进行调查。通过调查了解社会有关行业对不同专业博士生的需求量、博士生在工作岗位上的胜任度、对在学校所受到教育的意见和建议等。

通过以上调研和评估，使培养周期和显效期均较长的研究生教育，具有比较全面和灵敏的信息反馈体系，而这一体系所产生的功能是综合性的：可以使大学对研究生教育过程中的某些具体环节及时加以改进和完善；可以对研究生教育的专业设置和资金投放重点进行有的放矢的调整；可以对研究生教育的未来社会需求做出符合实际的预测，有助于做好研究生教育的宏观规划，从而使研究生教育在规模、质量和效益的统一中实现追求卓越的目标。

三、优化培养环境，提供支撑条件

（一）明确导师职责，加强队伍建设

研究生导师对研究生的培养质量的提高具有举足轻重的作用。首先，导师要主动适应时代的变化，转变观念，在知识经济的背景下，用追求卓越的教育理念重新审视研究生培养模式和目标，要有为社会、国家培养合格的高层次人才的事业心和责任感。导师要教书育人，通过言传身教，培养研究生的思想素质和业务能力。其次，培养高水平的研究生是以高水平的科学研究为前提的，导师的学术水平、知识结构以及所在学科的学术梯队等因素都将直接影响研究生的培养质量。研究生导师要不断提升自己的学术水平，站在学科前沿，从事对学科发展有重要影响、对国家经济建设有重要价值的研究工作。最后，导师要努力处理好学科基础研究与应用开

发研究的关系，把握好提高学术水平和获取充足科研经费之间的平衡，保证科学研究与人才培养的协调进行。

明确研究生导师是研究生培养质量的第一责任人。导师作为培养过程中的关键因素，其指导状况与培养质量之间有很大的关联。据澳大利亚昆士兰大学2001年对导师与研究生的指导频率进行的调查表明：研究生尤其是博士生与导师见面频率对其培养质量有着重要的影响，对博士生完成学位论文、发表文章以及举办课堂报告等影响更为显著。

1. 导师的研究生培养机制的建立

在很长一段时期内，对导师重要性的认识停留在导师资格的遴选上，这往往容易忽视导师在培养研究生过程中一个重要也是关键的因素——对研究生的指导频率。随着社会环境的变化，以及研究生招生规模的不断扩大，对导师的研究生培养工作带来重大冲击：①导师招生人数过多。就博士生培养而言，根据2004年数据统计。博士生导师总数为11 065人，而在校博士生165 610人，平均一个导师要指导15人。导师在指导博士生的同时还得指导硕士研究生，而精力有限，势必造成导师和研究生见面的频率降低；②导师在实际指导过程中，由于出国、出差、担任过多行政职务等原因，造成了指导频率的进一步下降；③个别导师工作事业心、责任心不强，对学生不闻不问，放任自流，对学校有关研究生教育管理的规章制度不熟悉和不了解；不仅不了解，不能按学校有关规定尽职尽责地完成研究生的指导工作，而且一旦培养工作出现问题，也难以与管理部门一道协同做好工作。因此，就研究生导师在研究生培养质量方面的作用而言，强调最基本的导师资格是必要的，但更迫切需要建立一种机制，以明确导师在研究生培养过程中的职责，敦促导师在培养过程中恪尽职守。这些机制主要包括以下方面。

（1）建立和完善严格导师指导制度。应将导师指导频率具体化。如规定导师与研究生应至少两周见一次面，每学期对研究生的阶段性学习进行总结，并上报学校。

（2）建立健全对导师指导工作的考核制度。具体可以从工作量、过程和目标三个方面进行考核。

①工作量的考核：具体到每月指导研究生的时间、每月指导研究生的

数量。②过程考核:从选定研究课题、定期给予指导、课程学习、文献阅读及学位论文答辩的整个培养过程中,都要起到引导、指导和督促的作用。导师要特别加强对研究生学位论文选题的指导作用。在研究生研究的初期,导师担负着把研究生尽快带到学科前沿,并帮助研究生选好论文主攻方向的重任,高水平的选题是高水平论文的前提。在研究生进入课题研究后,导师要为研究生把握大方向,并留有足够的空间鼓励研究生创新,为其全面素质的提高创造条件,起到引导作用。③目标考核:从研究生发表论文及获奖情况、学位论文质量等方面加强对导师的考核。

(3) 建立研究生申诉机制。研究生如果对导师指导有意见,可以提出申诉,应建立专门的机构负责接受研究生的申诉,并对其申诉进行调查,对确实指导不力的导师,可以更换。

2. 导师队伍建设

导师队伍建设是提高研究生培养质量的最关键问题。

(1) 严格研究生导师招生资格的审核,以确保一支高学术水平的导师队伍。在德国,只有学术性大学的教授才能指导博士生,而要取得教授的资格,除了必须取得博士学位以外,还必须通过教授备选资格考试。具体地说,从取得博士学位可以担任助理讲师开始,以后沿着高级助理讲师、有领导责任的助理讲师,一步步升到讲师,但要升教授必须在担任助理讲师或讲师工作的同时,花 4~6 年的时间完成教授备选资格论文,并通过专业教授委员会组织的答辩方可取得教授资格,进而被某所大学聘为教授。在法国,虽然担任博士生导师的不一定是教授(教授一定是博士生导师),但是必须有博士生导师资格证书。申请博士生导师的条件是:具有博士学位;取得博士学位后曾参与指导过博士生,即当过副导师;有独立从事科学研究的能力,科研成绩显著,发表过有影响的论文。申请人通过学校认可的答辩委员会组织的答辩以后,由学校发给有教育部部长和校长联合签名的博士生导师资格证书。

只有高水平的教授才能培养出高水平的博士,这是各国教育界共同的认识。欧洲各国对指导教师的严格要求和选拔,为研究生培养质量提供了可靠的保证。同时,对于已具有研究生指导教师资格的教授、副教授,要鼓励他们通过承担国内重大科研课题、短期出国进修访问、国内外学校交流合作等方式，不断提高学术水平，增加知名度。

（2）采取措施鼓励优秀的导师。要不断改善教师工作条件和环境，管理部门应尽力做好服务，为教师减轻负担，使研究生导师能潜心于高水平的科学研究和高质量研究生的培养。

（3）采取有效措施引进拔尖师资。包括从国内外长期或短期聘请专家学者，出台包括导师梯队、奖励政策、教师评定等级等方面相关的激励政策，激励教师不断开拓新研究领域，在充分调动发挥现有师资的基础上引进拔尖师资。

（4）建设一支结构合理的导师队伍。所谓结构合理包括年龄结构、学历结构、学缘结构、职称结构、知识结构和能力结构合理。这支队伍一定要有德才兼备的学科带头人和学术骨干，正是这个群体的合理知识结构为研究生提供了获取各种知识的可能，正是这一群体中的一系列独特的观念和思维方式，为培养研究生的创新能力和创新意识提供了可能，正是这个群体每个成员的良好品质为研究生的思想素质提高起到了良好的示范作用。

（二）深化体制改革，进行制度创新

"体制"主要是指科研体制与高等教育体制。对研究生培养模式而言，体制条件主要表现在这样两个方面：一是体制是否有利于研究生教育的发展，二是体制是否有利于一流科研人才的成长与其才能的发挥。

1.整合科学院系统与大学系统两套培养体制，发挥其整体效应

这是整合教学与科研的前提。"研究和教学需要辩证地联系起来。这种关系，即使在今天，在许多情况下，尤其是在将研究赋予大学以外的组织后，仍然没有得到实现。就我国而言，政府要在处理科学院系统和大学系统的关系中发挥作用，解决科研机构与大学合作的问题，使有限的科研资源得到最大限度的发挥。当前首要的是进行科学院和大学系统的功能定位和功能区分，对科学院系统进行适当改造，促进大学和科学院的合作和"双赢"。

（1）弱化实体性科学院的观念，淡化科学院的管理指挥功能，将科学院改造为国家科学界最高荣誉和咨询机构。世界各国基本上都有科学院，但实体性科学院系统是比较少见的。英国的皇家学会发挥着科学院功能，

但它并不是一个研究实体;美国的科学院也不是研究实体;瑞典等国的科学院仅仅是一个荣誉和咨询机构;法国科学院直属的研究实体也不多。我们应该按世界惯例给科学院一个定位,将实体性科学院改造成为荣誉和咨询性质的科学院。

(2)剥离科学院下属的众多研究所,让这些研究所进入有关大学,加强大学的科学研究实力。把大学定位于只是培养人才,把科学院定位于进行科学研究,这就形成了一种体制上缺陷,在这种体制下大学获得的科学研究资源是非常有限的,一些科学研究人才进入到科学院系统之中,大学的研究力量得不到及时补充和充分发展,这样的大学的研究生教育不可能是一流的研究生教育。过去我们只是把大学看作人才培养机构,大学基本上不从事科学研究,现在仍然有人认为大学主要是开展与教学相适应的自由探索性基础研究。这种观点是有局限性的。世界上的一流大学,没有哪所大学只开展与教学相适应的科学研究,他们的科学研究在很大程度上是超越教学的,是不受教学限制的,否则我们无法解释许多诺贝尔奖获得者出自大学这一事实。所以,加强大学的科研力量是我们实现一流研究生教育必须首先解决的问题。要解决这一问题,除了在大学系统内部加快培养一流学者外,还要将国家内部的研究力量向有关大学集中。在当前,可以考虑将科学院系统有关研究所、实验室等附设于有关大学之中,在国家科学发展规划上由科学院统筹,在具体管理和建设上由有关大学具体负责。

当然,我国大学和科学院系统分立已有几十年历史,大学与科学院系统的关系调整会涉及许多问题,需要从建立国家创新体系的高度结合情况通盘考虑。但是,如果不解决大学与科学院系统的分工与合作问题,我国研究生教育难以发挥出整体的功能。涉及两种培养机构的利益关系等问题,一些国家的经验值得借鉴。例如,在欧洲的四个国家里,大学与科研机构都合作得较好。原因有两个:一是这些国家的学位管理和学位授予权都归各个大学。研究所别无选择,必须和大学合作。而我国由于历史的原因,研究所有学位授予权,因此缺乏与大学合作的动力。第二点是在这些国家,论文或成果署名单位有很好的传统惯例,研究生的论文或成果署名权归研究项目的投资方,一般为研究所。而在我国,统计论文或成果往往只统计第一作者的第一单位,而论文数这原本并不重要的数据又成为评价我国高校和科研单位的重要指标,大家都要争,使得署名权争执长期无法解决。

在欧洲这些国家，作者的单位都算，都享有论文成果。例如，德国的马普学会和法国的国家科研中心类似于中国科学院，他们有很多研究所，资金很雄厚，大学很羡慕他们，致力于加强与他们的合作。这些研究所也非常乐意与大学合作，很多研究所就设在大学内，其通信地址就是相应的大学。

整合大学与科研院所、企业的教育资源，目前有相当部分的高校在这方面的思想还比较保守，缺乏主动性，甚至不愿意同科研院所进行科学研究、研究生培养等方面的合作。而几乎所有大学又不同程度地存在科研项目较少、科研经费短缺、导师指导任务过重等问题。这些都不利于研究生规模的发展，不利于研究生理论学习与科研实践的结合，不利于研究生培养条件的改善和培养质量的提高。相反，科研院所与高校合作的愿望却十分强烈，它们科研课题较多、经费充足、有科研实践经验非常丰富的师资力量，但存在研究生数量明显偏少或几乎没有研究生的问题。不少企业同样有很多技术难题、高新技术项目等迫切希望得到高校和科研院所的支持和参与。如何将这三方的优势进行有机整合，发挥最大的效能，还需要进行认真的探索。

从国际上一些成功案例来看，专业科研机构一般不被授予招收研究生的权力。因为招生权一旦被其获得，它们也就失去了与大学合作的内在动力；相反，如果它们不具有自行招生的权力，则会激发其与大学加强合作的动机，它们可以通过提供资金、课题、设施等有利条件吸引研究生去从事博士后研究工作。另一方面，大学的校园氛围和多元文化并存的学习环境比那些专业面比较单一的研究机构更有助于研究生优良素质的养成。而且，对后者而言，其专业研究人员因为兴趣点高度集中于个人所喜好与从事的领域，因而他们更适合讲授专业课而非基础课。总之，高校与研究机构各有自己的特点和优势，在实践中应该互相合作，共同提高我国研究生培养的质量。

2.正确处理国家与培养单位及培养单位内部研究生院与院（系、所）之间的关系，降低培养重心，充分反映研究生教育的本质特征

（1）国家放松规制，目的是增强各培养单位自我调节的机能。给各培养单位一定的空间，而不是让其占领所有的调节空间。像每年增长30%的招生规模，事实上是给学校更大的调节空间，但学校不能为了占有空间而

采取"宁滥勿缺"的办法。国家放松规制,给各个培养单位增加了办学自主权,使各个学校能够根据自己的实际确定办学体系,办出水平、办出特色。应该说,增大学校办学自主权,更有利于学校办学的创新思想的发挥。各个培养单位要充分利用好这个自主权,从学校的办学条件出发,从学校的声誉出发,办出特色,提高自己的社会声誉。

(2)理顺研究生院与院(系、所)之间的关系。人们在分析美国研究生培养模式时发现,一种为保持高水平而形成的体制发挥着积极的作用。美国的研究生院常常既是教育机构,又是管理机构。设立研究生院的主要目的是保障科学研究与研究生教育的有机结合和相互促进。因此,全美研究生院协会(CGS)规定设立研究生院的必要条件为:高水平的研究人员和师资力量;对从事科研工作人员提供必要的物质保证,如科研实验条件,仪器设备,用于研究、旅行、开会等的资金;系统、前沿的研究生课程安排,以及可靠的学生来源。研究生院的职能通常包括以下几项内容:

——研究生的学籍管理。包括受理入学申请、录取、注册、奖学金,教学计划的制定、执行、检查和学生档案的管理等。

——科学研究。包括科学研究项目的申请、检查,与政府或企业签订科学研究合同;对外联系研究资助,研究经费的预算与管理;科学研究设备的管理。

——授予学位。包括学位质量评估,审查学位论文,学位论文评价。

——聘任研究生院教师。包括教师资格认定,安排研究生课程,组织教授进行科研、指导研究生。

——制定各项研究生教育政策。如制定研究生入学最低标准,制定评价学生能力的各种方法,统一研究生计划的行政管理标准、奖学金标准、学习成绩标准、授予学位标准、教师职称标准、评估审查的政策标准等。

研究生院的职能实际上反映了研究生教育的特点。它是集科研、教学、管理于一体的培养高层次人才的教育管理机构,彻底摆脱了以往德国式教育狭小的实验室和个人研究的局限性,弥补了学徒制的不足,使研究生教育迅速服务于国家需要。

系是研究生教育和本科生教育的主要运作单位。其职责包括招收研究生,决定课程要求,提供课堂教学和科研训练,给予财政资助以及指导学生学业直至毕业。系的组织要求必须有一定数量的教授,负责监督研究生专业的主要职责：安排研究生专业的课程；提供通过课程学习或实验室轮流操作的科研训练机会；维持适当津贴水平的财政资助；综合性考试中学生的绩效；以及完成学业时间的长短。系的组织使教授能够进行个人的科研计划，同时也能指导学生。这种安排使现代学术性职业中教授的两部分权威得到调和。于是研究生教育专业既是个人的责任，又是集体的责任。教授能指定他们自己的科研计划和保持个人赞助或学徒式关系的可能性，同时由他们自己和同事们对系的专业的集体利益负责。以系为基地的研究生专业，在教授中间允许既有独断的趋势，又有学院式的趋势。系许可学术专业的分化，同时保证任何特定的系内整合。

（三）加强学术交流，营造创新氛围

"创新"是研究生教育的目标指向，具有精良的教学科研设施是保障培养模式取得高水平、高质量不可缺少的条件，而自由宽松的环境氛围、跨学科的学术交流、批判意识的产生和方法论的发展等都是创新目标实现必不可少的因素。创新的思想需要浓厚的学术氛围去孕育，需要通过交流和借鉴来产生。只有为学生营造宽松的学术氛围，才能培养出具有创新意识和创新能力的人才，才会有人才素质的提高和拔尖人才的脱颖而出。弹性学制、完全学分制、学术交流等都是在为人才提供发展的时间和空间。就学术交流而言，经常参加学术活动，通过与同行交流，可以开阔眼界，激发灵感，产生从事科学研究的兴趣。学术交流的宝贵之处在于帮助人们避免由于长时间钻研一个狭窄的领域而导致的局限性，突破个人思维的框架，通过交流萌发创新思想。参与学术交流活动是研究生提高学术水平、产生创新思想的一个重要途径，其作用是单纯的课程学习和论文研究所不能替代的。

习明纳是一种学术交流方式和研究制度，在德国被视为"科学研究的养成所"。习明纳是训练学生对某个重大问题进行独立的调查研究，它适合于各种不同的学科领域。解决问题的方法随着各种不同的研究领域而变化，如历史、哲学、理学、工学各有不同的方法，习明纳一般来说是一名研究专家向他的学生提出问题或鼓励学生自己发现这类问题，然后在他的指导下开始进行解决问题的活动。习明纳的目的是"促使年轻一代直接接触自然和历史生活的现实，从而根据大自然赋予他们的能力，唤醒和发展他们个人的生活"。早在 1892 年，哥伦比亚大学一位经济学家说："习明纳是轮中之轴，是现代大学真正的具有生气的中心，是激动人心和富有创造性的力量。没有习明纳，大学教学就不是完整的；有了习明纳，且加以正确实施，任何大学都能够实现其主要目标。"他将习明纳看作是"教师和许多经挑选的优秀学生的集合地。在这里，创造性的研究方法被阐明，有创造能力的人员被训练，科学独立的精神被灌输"。

学术交流的形式类型多样，以下几种可供参考。

——各学科形成定期组织学术活动的制度。围绕一个主题由知名学者（或博士生）主持并进行学术报告。

——倡导导师研究组每周或每两周一次的讨论会制度。

——鼓励研究生开展讨论会、读书报告会等类似的学术报告会。举行这种学术报告会的目的在于：营造浓厚的学术研究气氛，启迪思路；扩大知识面，进而促使研究生在其研究领域向更高、更深的方向发展，把握课题研究的方向并能对自己下一步的研究有一个较综合的考虑。

——鼓励研究生参与国内外大型学术会议，加强与同行学者的学术交流。

[16] 陈学飞. americas 国研究生教育的理论问题[J]. 学位与研究生教育, 2006.

[17] 闫冉冉, 李爱平. 跨学科课题上研究生教育的理论意义与实证研究: 以浙江大学的调查为例[J]. 现代教育科学, 2007 (3).

[18] 王宗武. 国外新闻与专业研究生教育的理论建构和实证据: 以中国传媒大学为例[J]. 东南传播, 2008 (3).

[19] 杨颉. 关于高校研究生教育人才培养模式的新思考[J]. 文教资料, 2015 (26).

[20] 蔡海涛. 美国的研究生教育[J]. 教育与职业研究, 1993 (3).

[21] 李晓. 研究生教育状况表[J]. 求索与信息(下旬刊), 2014 (1).

[22] 崔晓莉, 张晓鹏. 美国的研究生教育[J]. 国外高等教育研究, 2005 (2).

[23] 王思懿. 韩国的研究生教育制度[J]. 中国研究生, 2004 (1).

[24] 李忆辉, 闫心如. 国外研究生教育的特点[J]. 新课程研究, 2006 (1).

[25] 邓锐. 国外研究生教育的发展[J]. 信息世界, 1997 (9).

参考文献

[1] 廖文武. 研究生教育创新的探索与实践[M]. 上海：复旦大学出版社，2005.

[2] 刘鸿荃，沈岿，魏嵩毅. 工程硕士研究生教育的发展与创新[M]. 北京：清华大学出版社，2003.

[3] 余世佳. 研究生教育制度演进论[M]. 北京：北京大学出版社，2010.

[4] 王秀卿，张都爱. 国外研究生教育[M]. 北京：科学技术文献出版社，1987.

[5] 赵沁平，等. 中国研究生教育年度报告2010-2011[M]. 北京：科学出版社，2010.

[6] 刘鸿，徐春山. 中国研究生教育和学位制度[M]. 北京：教育科学出版社，1988.

[7] 薛天祥. 研究生教育学[M]. 桂林：广西师范大学出版社，2001.

[8] 王秀卿. 研究生教育概论[M]. 北京：北京理工大学出版社，2001.

[9] 张乃红，杨真明. 构建研究生教育研究与探索[M]. 苏州：中国矿业大学出版社，2002.

[10] 王大中. 研究生教育论[M]. 长沙：中南大学出版社，2000.

[11] 周济华. 学位与研究生教育史[M]. 北京：高等教育出版社，2004.

[12] 张建东. 论学位与研究生教育[M]. 沈阳：辽宁大学出版社，2005.

[13] 廖湘阳. 研究生教育发展战略研究[M]. 北京：清华大学出版社，2006.

[14] 陈子辰. 研究型大学与研究生教育研究[M]. 杭州：浙江大学出版社，2006.

[15] 眭一喜. 当代研究生教育评价数据[M]. 苏州：苏州大学等出版社，2006.